珍藏本
纪念版

汉译世界学术名著丛书

法律与宗教

〔美〕伯尔曼 著

梁治平 译

商务印书馆
SINCE1897 The Commercial Press

2017年·北京

Harold J. Berman
THE INTERACTION OF LAW AND RELIGION

本书参照美国 Abingdon 出版社 1974 年版译出

汉译世界学术名著丛书
（120 年纪念版·珍藏本）
出 版 说 明

2017 年 2 月 11 日，商务印书馆迎来 120 岁的生日。120 年前，商务印书馆前贤怀揣文化救国的理想，抱持“昌明教育，开启民智”的使命，立足本土，放眼寰宇，以出版为津梁，沟通中西，为中国、为世界提供最富智慧的思想文化成果。无论世事白云苍狗，潮流左右激荡，甚至战火硝烟弥漫，始终践行学术报国之志，无改初心。

迻译世界各国学术名著，即其一端。早在 20 世纪初年便出版《原富》《天演论》等影响至今的代表性著作，1950 年代后更致力于外国哲学和社会科学经典的译介，及至 1980 年代，辑为“汉译世界学术名著丛书”，汇涓为流，蔚为大观。丛书自 1981 年开始出版，历时三十余年，迄今已推出七百种，是我国现代出版史上规模最大、最为重要的学术翻译工程。

丛书所选之书，立场观点不囿于一派，学科领域不限于一门，皆为文明开启以来，各时代、各国家、各民族的思想与文化精粹，代表着人类已经到达过的精神境界。丛书系统译介世界学术经典，引领时代思想，为本土原创学术的发展提供丰富的文化滋养，为推动中国现代学术和现代化进程做出了突出的贡献。

为纪念商务印书馆成立120周年，我们整体推出“汉译世界学术名著丛书”120年纪念版的珍藏本，寄望既利于文化积累，又便于研读查考，同时向长期支持丛书出版的译者、编者和读者致以敬意。

两甲子后的今天，商务印书馆又站在了一个新的历史时间节点上。我们不仅要铭记先辈的身影和足迹，更须让我们的步伐充满新的时代精神。这是商务人代代相传的事业，更是与国家和民族的命运始终紧密相连的事业。我们责无旁贷，必须做好我们这代人的传承与创造，让我们的努力和成果不仅凝聚成民族文化的记忆，还能成为后来人可以接续的事业。唯此，才能不负前贤，无愧来者。

商务印书馆编辑部

2017年10月

增订版译者前言

“法律必须被信仰，否则它将形同虚设”。自上个世纪九十年代以来，这句引文在法律学者和学生们笔下和口中如此流行，以致引用者常常省略了这个引语所由出的那本小书——《法律与宗教》——和它的作者——哈罗德·J.伯尔曼。

事实上，在过去十年的法律译著当中，《法律与宗教》可能是读者最众和被引用最多的一种。不过，本书自1991年出版，当时印行6000册，之后没有重印，其数量无法满足读者的需要，也是可以想见的。我猜想，有些《法律与宗教》的引用者可能并未读到原书，这可以部分地解释上段说到的那种情形。无论如何，这次有机会将本书再版，是一件令人高兴的事情。

着手再版，想到的第一件事是改正初版翻译和印刷中的各种错误。另一件事是考虑能否增加一些新的内容，以令读者更好地了解作者和作者在这本小书里表达的思想。先说后一件事。

《法律与宗教》的英文原书出版于1974年，这个中译本面世也已经有十二年。这十二年（更不用说三十年）里，作者从不曾停止思考和写作。在这些年发表的大量文字当中，作者最有分量的著作应属探究西方法律传统起源的巨著《法律与革命》（原书，1983；中译本，1993），和题为《信仰与秩序：法律与宗教的调和》（*Faith and Order*: *The Reconciliation of Law and Religion*)的论文集(1993)。这些著作都可以归在“法律与宗教”这个大题目下,都与《法律与宗教》一书中表达的关切密切相关。不过,正如作者本人所说,《法律与宗教》并非传统意义上的所谓学术著作。它是那种富于思想性、挑战性和预言性的论说。因此,我更关心的是,作者在差不多三十年前表达的思想,现在有哪些值得注意的改变或者发展。千禧年的到来为我们了解作者的思想提供了一个很好的机会。

本书附录所收的三篇文字都与千禧年有关。这部分是出于巧合。我选了收为附录一和附录三的两篇文章。前者重点在《法律与宗教》结尾处提及的人类共同的法律与宗教,而更形具体;后者是一篇接受中文媒体的访谈,因此与中国更多关联。有趣的是,我以上述想法商诸作者,征询其意时,他所推荐的便是附录二的那篇立于世纪之交回顾过去展望未来谈西方法律传统和世界法的大文。这是一个意味深长的巧合。因为在伯尔曼的法理学中,千禧年是一个极具符号意味的概念,是我们理解其思想精义的关节点之一。

作为一个宗教观念,一个西方宗教观念,千禧年指向一种特定的时间观念,一种具有特定含义的历史观。它引向一种灾难将至的**危机**意识、**死亡**与**再生**的观念、过去与未来的关系,总之,一种意蕴丰富的末世学。这些,可以说是伯尔曼毕生学术与思想最核心的部分。从这本小书开始,我们便熟悉了这些基本观念及其用法。

实际上,时间也许可以说是伯尔曼思想中最重要的维度,除上面提到的基本范畴之外,他的另一些重要概念,如历史、传统、历史性、世代、生长、发展、生生不息等,也无不与之密切相关。这种对时间维度的再三致意和反复强调在作者晚近的文章和演说当中,不仅没有减弱，而且得到了更明晰更准确因此也更有力的表达。比如对“传统”的界定：

> 所谓“传统”，我指过去与未来之间那种延续性的意识，就如伯克（Edmund Burke）所说的那种代际之间的合伙关系，返身向我们的先祖寻求向未来世代行进的启示。Jaroslav Pelikan 曾以这种对传统的忠诚与泥古**主义**（tradition*alism*）相对照。他写道，泥古主义是对生者的死的信仰，传统则是对死者的活的信仰。前者仅仅是对过去的重复，是为历史而历史，是历史**主义**（histori*cism*），全不同于我所谓的历史**性**（histori*city*），即改变以往的经验以解决新问题，一种历史延续性的意识，一种生生不息的观念。（本书“附录二”）

西方法律思想的危机，也是西方人所面临的所谓整体性危机的征兆之一，便是对这种传统的懵然无知，是这种传统意识的丧失。反映在法理学中，便是历史法学被长期地忽视，乃至从二十世纪的法学中消失，或者，名存实亡。

早在1950年代撰写和出版的著作中，伯尔曼就谈到对融合法理学中三个主要派别——实证主义法学、自然法学和历史法学——的需要和可能。1980年代以后，这种想法发展成为一种对他所谓整体法学（Integrative Jurisprudence）的有意识的探究。这是一种综合的法学，其要义不只是吸收传统法理学中三个主要派别中各具真理性的因素，使融合为一，而且要把实证主义法学和自然法学之间的论争引入时间/经验的维度中，因为只有在特定历史情境之下，这些论争才实际具有意义。仅仅从这个意义上说，历史法学在伯尔曼的整体法学中也具有核心地位。

历史法学是十九世纪颇有影响的学说，但它在二十世纪不但大大地式微了，而且丧失其原有之规范和证成含义，而日益具有一种经验的法律社会学性质，或者蜕化成为一种缺乏生命的技术化的法律史。因此，伯尔曼在其整体法学中意欲复兴的，既非浪漫的民族主义，也不是盲目的历史主义，而是保有他所谓历史性的真正的历史法学——萨维尼的那种历史法学。这种法学乃是基于这样的前提，即

> 特定民族某一长时间的历史经验将此民族引向某些方向；尤其是在法律方面，特定民族法律制度经由其中发展起来的过往时代，有助于确定其法律应当据以制定和解释的标准，以及，其法律制度要努力达成的目标。(Berman, *Faith and Order*, p. 305)

历史不再简单是针对过去的事实陈述，而是一个为人们提供标准和目标的经验宝库。历史指引当下和未来的行动，具有重要的规范和证成意义。在伯尔曼看来，正是这种视历史为**命定**(destiny)和**使命**(mission)的**西方的**历史观促成了历史法学，因此，二十世纪历史法学的衰落，是同这种西方历史观和历史意识的失落联系在一起的。(参见 *Faith and Order*，页 306)它们所表明的，就是作者在《法律与宗教》一书中深刻检讨的西方法律与宗教

的危机，西方文明的危机。

具有规范和证成意义的历史不仅是一种时间的概念，同时也表现为经验。在伯尔曼的整体法学中，法律被定义为“基于经验的正义与秩序的平衡”（*Faith and Order*，页297）。这让人想到霍姆斯大法官的名言：“法律的生命不是逻辑，而是经验”。不过，霍姆斯并非历史法学的传人。他所谓经验也不是法律本身，而是法律有效性的隐藏的渊源。因此，对霍姆斯来说，历史解释了规则，但不证成规则。（参见*Faith and Order*，页297—298，注15）这不是历史法学，而是实证主义法学。而单凭实证主义法学，或者再加上自然法学，并不能有效地应对时代的危机和挑战，因为时间/经验之维的阙失本身，就是危机之所在。

在本书“附录一”所收的文章中，伯尔曼批评了实证主义的法律概念，他认为这种法律概念过于狭隘，无助于我们了解、说明（更不用说参与创造）正在形成的世界秩序和世界法。而一个全球法律秩序的出现，不仅是二十世纪以来我们社会生活中最具重要性的发展，也是人类历史上划时代的大事件。它表明了一个旧时代的终结和一个新时代的开始。这一事实本身就是危机的表现。

伯尔曼把世界法的构成大体分成三个部分，即传统上处理国家间关系的国际公法，主要涉及国际组织的联合国法，和数量巨大的契约性和习惯性的法律规范，这部分法律所处理并非国家之间的关系，而是从事于跨国经济和其他活动的个人、企业和组织之间的关系。按照这样的划分，则世界法的内容便不只是经由主权者参与制定、批准和执行的条约和公约等，而且包括由大量的、活动于不同领域的国际非政府组织参与创造的秩序和规范，更包括无数个人、企业和群体在其日常交往和实践中创造的大量的国际性习惯、惯例和规范。换言之，世界法的相当一部分是所谓习惯法，它据以发展的基础，

> 基本不是民族国家的集体政治意志（如实证主义理论所要求的），也主要不是一种表达被普遍接受的程序和实质正义的标准的道德秩序（如自然法理论所假定的），而主要是一个共同体的生生不息的共同历史经验。引用历史法学派奠基人、伟大的十九世纪德国法学家萨维尼（Friedrich Karl von Savigny）的话说，这是“首先因习惯和民众的信仰、然后因法学家的活动——因此到处都是因内在的无声运行的力量、而不是因一个立法者的专断意志”而得发展的一套法律。（本书“附录一”）

这段引文提到**共同体**，提到**生生不息的共同历史经验**，再次表明作者对历史法学传统的倚重。虽然三个主要法学派别实际上都可能使用共同体这个概念，但其所指各不相同。简单地说，实证主义法学强调国家及其意志，自然法学强调人类及其理性，历史法学则强调人民或者民族及其经验（惯常的说法是“民族精神”，但伯尔曼不认为把 *Volksgeist* 翻译成 *spirit of the people* 可以接受。他更属意的译法是“民族理念”或者“共同体价值”。详参 *Faith and Order*，页 299—300）。对伯尔曼来说，一个跨越国界的世界性共同体的形成，乃是世界秩序和世界法得以出现的契机。一方面，世界秩序和世界法为满足世界共同体的需要而产生，另一方面，世界

共同体创造和实现了世界秩序和世界法。而这个世界共同体既不是抽象的人类共同体，也不限于民族国家共同体，而是在特定历史条件下、经由特定方式和以具体形式结成的人类联合。世界法之政治的和道德的方面正应被置于此一世界共同体逐渐形成的历史情境中加以了解和审视。因此，作者认为，只有借助于把三个主要法学思想传统融合于一的整体法学，二十世纪后半发展起来的世界共同体的法才能够得到恰当的解释、证成和引导。

在《法律与宗教》的最后一章，伯尔曼谈到"人类的沟通"和"公社"。在他看来，这不止是人类交往和联合的两种形式，也是新旧交替之际人们试图克服危机开创未来的新的尝试，或者，用作者富于预言性的话说，是一种经历死亡和求得再生的生命经验。在作者后来的许多文章和演说中，"人类"的方面（世界社会、世界共同体和世界法等）谈得很多，"公社"的方面（民族国家内部小规模的群体）则讲得较少。这自然有其原因。不过，我们不必夸大这种差异，而应看到作者持续而深切的关注根本上的一致性。因为无论世界共同体还是公社共同体，它们都是人类的自愿联合，它们以各自方式创造合作纽带，拓展和维护其繁荣所必需的秩序，为此，它们都需要法律，也都需要宗教。最终，它们也都创造出了属于它们自己的法律与宗教。

记住，这里所说的共同体不是或者主要不是民族国家，这里所说的法律和宗教也不是流行意义上的那种。事实上，民族国家的崛起距今不过三、四百年，把法律视为主权者意志和国家专有物的学说直到十九世纪才开始大行其道，至于官僚国家全面进入和控制社会生活，这种现象只是到了二十世纪下半方才日趋普遍。而在西方法律传统中，法律不仅而且主要不是来自国家的立法权，也是而且主要出自许多个人和群体在其日常的相互交往中创造的关系。人民、社会而不是国家、政府权威一直被认为是法律的主要渊源。组成各种联合的人们、建立相应的权利和责任的雇主和雇员、彼此间订立协议的商人们、把孩子们抚养成人的父母们——他们建立了各种民间（unofficial）法律关系，创造了可以被恰当地称作习惯法的制度。以往，人们一直认为，习惯法、民间法是国家法、官方法的主要渊源；国家法的主要功能之一，便是执行出自习惯法的权利和责任。（“附录二”）

当这种传统被人们遗忘和忽略，当法律仅仅被理解为国家自上而下地制定和执行的一套规则，当官僚国家通过无论行政还是法律手段渗入和控制了社会生活的各个方面，当社会在此过程中日益萎缩而不再是法律与宗教的创造之源，这时便大难将至。在伯尔曼看来，“二十世纪，国家吞噬了社会”正是危机中危险的一面，而恢复和更新西方法律传统，令**社会**重获生机，使法律不仅出自国家，而且也出自社会，出自各式各样的志愿联合组织，则是危机中机会的一面。作者对社会，对志愿组织，对无论是公社还是世界共同体，寄予厚望焉。

与许多喜谈全球化者不同，伯尔曼始终采取一个特殊主义的立场。谈西方法律传统是如此，标举历史法学也是如此。所谓世界共同体不是抽象的人类联合，而是产生于特定历史环境的人类组织形式。同样，世界秩序和世界法也不是永恒不变的人类理性和道德原则的演绎，而是伴随世界共同体成长和为满足其需要而在实践和经验基础上发展出来的一套有着多种渊源的规范。更重要的是,所有这些都是在时间中逐步显现和发展起来的,它们各有其传统和渊源,各有其经验基础,或说,各有其**历史**。

然而,这种特殊主义的立场本身也蕴含了内在的紧张。把历史视为不只是单纯的变化,而且是有意味的变化,一种展现于时间中的方向,进而内含某种目的或者命运。这种源于西方宗教的对一种**神意历史**(a procidential history)的信仰,不但如伯尔曼所相信的那样曾经被植入历史法学,(详见 *Faith and Order*,页 309—310)而且也是启蒙时代以来许多世俗宗教和人文主义哲学的思想核心。换言之,作者视为再生之源而欲复兴的传统不仅本身就包含了反特殊主义的因素,而且事实上至今仍然支撑着各种流行的普遍主义宏大叙事。

此外,即使不考虑这一点,由一种特殊主义的立场如何最终达至世界大同也始终是一个问题。尤其是,这里涉及的不仅是一个世界共同体,也不仅是一种世界秩序和世界法,而且还是一种共同的语言和共同的宗教。从历史、传统、经验去想象和构建这样一个共同世界并非不可能,但也问题重重。这些不只是方法论的问题,也是经验的问题。这是一个极不完美的世界,充满苦难、不幸和冲突。即使是正在出现的世界秩序,即使是那些所谓自愿联合,即使是出于协议和契约的规范体系,也未尝不包含有形和无形的支配、统治和对抗。对于这些复杂问题,作者即使提到,也未作更详细的论述。这部分是因为,他对这些问题的回答已经隐含在他对历史的叙述之中。在此之外,我相信,他宁愿扮演一个预言者的角色,而把这些问题留与后人思考和解答。作为一个历史的预言者,他在展现我们过去的同时,更把眼光投向未来。他将希望寄托于来者。

现在要说到有关译稿修订的事情。

本书的翻译完成于 1987 年,现在对照原文仔细再读十六年前的译文,不禁为其中的错误汗颜。于是据英文原书逐字逐句校改,结果几乎将原稿重译。现在的译稿虽不敢保证无一疵,总算差强人意。

本书增订的完成得益于多方的慷慨相助。首先要感谢原书作者伯尔曼教授。十六年前,他手书数札,用一种原始但富人情味的沟通方式回答一个年轻译者的无知问题,其耐心与慷慨令我至今不能忘怀。这次他一如既往,慷慨答允有关版权授权的请求,并应所请推荐增订文章一篇并惠寄原书,使眼下的这个新版成为可能。

当年,还在北京大学任教的陈维钢教授曾帮助我解决了不少翻译中的问题,因而改善了译文质量。这一次,香港大学哲学系的慈继伟教授校读了本书第一章,指出了其中的若干错误,予我帮助良多。当然,也像当初一样,译文中所有错讹与不当,仍由我个人负责。此外,香港大学法学院的陈弘毅教授为我提供了 *Faith and Order* 一书;《二十一世纪》编辑部慷慨地允许我将刊登于该刊 1999 年 4 月号的对伯尔曼教授的专访收入本书附录。谨此致谢。

我还要提到来自母亲的意想不到的帮助,她因为勤读《圣经》,所以毫不费力就帮我找出了新增译文中两处经文的出处。对她来说,我相信,这本身就是最好的报偿。

梁治平

2003 年 6 月 3 日于北京万寿寺寓所

死亡与再生:新世纪的曙光(代译序)

这是一个法学家写的历史书、哲学书。它的前身,是作者1971年在波士顿大学罗威尔神学讲座所做的一系列演讲。这部书谈了法律,也谈了宗教,但不是流俗意义上的那种。作者的意图,似乎只是要为解决他的国家和人民正置身其中的冲突提供某种理论指导,然而体现于作者对问题把握之中的深邃的历史意识与不同寻常的哲学领悟力,却使这部小书具有了普遍的意义。

作者哈罗德·J.伯尔曼出生于1918年。那年代出生的人,不论西方人,东方人,都很容易染上“忧患意识”。伯尔曼此书中表露出的危机感和对人类生存状况的强烈关注,大概也可以追溯到他儿时的经验。毕竟,第一次世界大战标志着我们这个时代的厄运。人类在短短四十年的时间里面,接连遭到世界大战和全球性经济崩溃的打击,它对于曾为这世界带来繁荣与希望的旧秩序的信仰,便从根本上动摇了。人们突然发现,他们正置身于一个陌生的世界,在这里,旧日里熟知的信念意义尽失,即便理性本身也已变得可疑,不足信赖。未来变得不可捉摸,当下也同样难以理解。从这里,产生出现代人的失落、荒谬感与焦虑,产生出五六十年代西方世界的一系列文化思潮与社会运动。

这是一个混乱的时代,也是一个探索的时代,其间充满了冲突，但也不乏有益的试验和真知灼见闪烁其中的预言书。H. J. 伯尔曼这部《法律与宗教》便是其中极富洞见的一本。

一

问题是这样提出的：生活的意义何在？我们正去向何方？这是真正的哲学问题，宗教问题。西方人所面临的危机正源自在这一根本问题上的困惑。在伯尔曼看来，这预示了西方文化行将崩溃的暗淡前景。它的一个主要征兆，便是整个社会对于法律与宗教的信仰严重地丧失。这里，法律被看成是用以解决纷争以及通过权利、义务的分配创造合作纽带的程序，宗教则被界定为对于生活之终极意义和目的的集体关切和献身。它们代表了人类生活中两个基本的方面，法律意味着秩序，宗教意味着信仰。没有法律，人类便无法维系当下的社会；失去信仰，人类则无以面对未来的世界。明乎此，我们就可以理解伯尔曼所说西方社会中法律与宗教的信任危机竟是多么严重的一件事情。

造成上述情形的原因是多种多样的，伯尔曼指出了其中的一种，即在流俗见解当中法律与宗教的截然对立。这回，伯尔曼再次表现了他观察问题的敏锐与独到。

通常认为，现代法律纯是世俗的、合理的，是用以贯彻特定政治、经济和社会政策的工具，而与生活终极意义一类观念无涉。在有实用主义传统的美国，这种观念尤其盛行。比如，有人把法院的判决看成是解决问题所作的试验，甚至把法看成是“对法院实际上将做什么的预测”。当然这只是极端一派的理论。但就是强调法律中绝对价值的哲理一派，它在解释法律诸基本原则的时候，也只限于提供诸如人道主义哲学一类的说明，全不谈人的情感、信念和终极关切。在另一方面，现代许多宗教思想派别，无论是把爱看作是对基督徒惟一约束的"爱之神学"，还是认为基督徒应当依靠信仰而非法律来生活的所谓"信仰神学"，或是强调神恩的唯信仰论的一派，都表现出排斥法律的倾向。它们把法律与爱、信仰和神恩对立起来，认为二者互相排斥。同样的立场也反映在一些世俗的社会运动如美国的青年文化或反主流文化集团里面。它们强调爱、自发性和激情，轻视乃至拒斥法律——分配权利和义务的程序与结构。

上面两种情形实际是同一种谬误的两个方面。给法律与宗教一个过于狭隘的定义，而将它们截然对立起来，不仅大谬不然，而且注定要摧抑人们对于法律与宗教的信任。因为事实上，法律并不只是一套规则，它还是一种程序，一种活生生的社会过程。宗教也不仅是一套信条与仪式，它首先是对各种超验价值的共同直觉与信奉。活动于法律与宗教之中的，非他，而是血肉丰满，既有理性和意志，又有情感与信仰的活生生的人。法律与宗教，实是人类经验或说人性的两个基本方面。"人类随时随地都要面对未知的未来，为此，他需要相信超越他自身的真理，否则，社会将式微，将衰朽，将永劫不返。同样，人类处处、永远面对着社会冲突，为此，他需要法律制度，否则，社会将解体，将分崩离析。"（英文原书第46—47页，下同）人类生活的这两个方面彼此制约，又互相渗透。它们处于对立之中，但是没有另一方，则任何一方都不能够完满。宗教因法律而具有社会性，法律因宗教而获得神圣性。"没有信仰的法律将退化成为僵死的教条”,“而没有法律的信仰……将蜕变成为狂信”(第47页)。不幸,这正是西方社会今天所面临的危险。

在最近两百年里,西方的法律正不断丧失其神圣性,日益变成为纯功利的东西。与此同时,西方的宗教也逐渐失去它的社会性,慢慢退回到私人生活中去。正义与神圣之间的纽带开始断裂,它们正变成两种互不相干的东西。然而,仅凭理性的推导与功利的计算,怎能够唤起人们满怀激情的献身?不具有神圣意味的法律又如何赢得民众的衷心拥戴?“法律必须被信仰,否则它将形同虚设”(第14页),虽然还不能说今天西方的法律已变作一纸空文,但是诸如犯罪一类严重社会问题的存在,不也反映出法律的无能吗?至于宗教,没有组织,不依靠程序,它如何应付外部世界的压力,又如何有效地维护和传递自己的信仰?六十年代于美国各地大量出现的自发性地方团体如公社,不正是因为它们的反法律倾向而屡屡受挫,因此往往是一瞬即逝吗?所有这些,都可说是割裂法律与宗教所生的恶果。当然,仅仅认识到这一点是不够的,还应当说明原因的原因,说明人类经验中这两个基本方面是怎样变成现在这个样子的。

二

西方文明始于希伯来。希伯来的法律与宗教是不分的。《摩西五经》所记载的,既是上帝的诫命,又是人间的法律,这就是律法。在西方文明的这一时期,法律与宗教共享同一种仪式、传统,且具有同样的权威与普遍性。人类早期的这段历史似乎预示了未来社会中法律与宗教的某种基本性格。

伯尔曼由人类学立场出发，认为在所有的文明里面，法律（虽然可能完全与宗教分离）都与宗教共享四种要素，即仪式、传统、权威和普遍性。它们象征着法律的客观性，标志着法律的衍续性，体现了法律与绝对真理之间的联系，因而使法律得与某种超验价值相通。它们所引发的，不是道德或法律的推理与判断，而是人们的**法律情感**，是把法律所体现的正义理想视为生活终极意义之一部分的充满激情的信仰。任何一种法律，倘要获得完全的效力，就必须使得人们相信，那法律是他们的，而要做到这一点，则不能不诉诸人们对于生活的终极目的和神圣事物的意识，不能不仰赖法律的仪式、传统、权威和普遍性。最能够表明这一点的乃是传统。

西方的法律传统浸渍了基督教的影响。这种影响早在罗马皇帝皈依基督以前就已开始。这是一段漫长的历史，可以写成一部大书（伯尔曼后来确实做了这项工作）。简单些说，伯尔曼在书中提到的"过去两千年间历尽艰辛建设起来的西方法学的伟大原则"，如"公民不服从"原则，旨在使人性升华的法律改革原则，不同法律制度并存的原则，法律与道德体系保持一致的原则，财产神圣和基于个人意志的契约权利原则，良心自由原则，统治者权力受法律限制的原则，立法机构对公共舆论负责的原则等等（第 72 页），都与西方历史上基督教的发展有密切的关联，有些甚至是由基督教的历史经验和教义中直接引伸出来的。比如为美国宪法中一系列权利条款奠定基础的，就主要不是启蒙学者们美妙的理论，而是早期基督教殉道者反抗罗马法律的勇敢实践，是十七世纪清教徒保卫其信仰和良心不受侵犯的无畏抗争。用伯尔曼的话来说，现代西方国家的法律制度（也包括苏联的法律），就是建立在过去两千年中基督教所创造的各种心理基础和许多种价值上面的（第 73 页）。

今天的西方人似乎忘记了这段历史，更不曾从中得出富有教益的结论。法学家把法律看成是纯功利的工具和手段，把它归入“工具理性”的范围之内；神学家把宗教看成是超越程序与组织的信仰、爱和恩典，把它与法律对立起来。这一切究竟是怎样产生的呢？伯尔曼指出了比如神学家们对于教义的误解，并且一一予以澄清，更重要的是，他抓住了隐伏在法律与宗教截然对立后面的东西，那就是建立在主体与客体、意识与存在的对立基础上的二元思维模式。

西方的二元论思想早在十一世纪末圣安瑟伦“先信仰而后理解”的格言里已露端倪。五百多年以后，它又在笛卡儿“我思故我在”的名言中找到了“科学”的表述。伯尔曼以为，过去的九百年正是一个“我理解”和“我思”的时代，是首先把上帝，然后是自然，最后是社会视为外在于思维主体的客观实在的时代（第 111 页）。这个时代的特征便是主观与客观、本质与存在、精神与世俗、理性与情感的截然两分（在某种意义上，宗教改革以后个人主义和民族主义的兴起，世俗化与合理化的进程等，都可以看作是这类思想特征在社会-历史中的显现）。在这样的时代里面，法律与宗教的彻底分离原是不可避免的。

三

割裂法律与宗教带来的灾难，标志着一个旧时代的终结。而要重新统一法律与宗教，首先必须克服渗入了一切分析形式的二元论思维模式。这种克服不是简单地向以往的历史复归，而是在更高的水准上达到辩证的综合。伯尔曼认为，新的时代将是一个"综合的时代"。在这个时代里面，"'非此即彼'让位于'亦此亦彼'。不再是主体反对客体，而是主体与客体交互作用；不再是意识反对存在，而是意识与存在同在；不再是理智反对情感，或者理性反对激情，而是整体的人在思考和感受"（第114页）。这意味着法律与宗教都将扩展到其他学科、行业和社会进程，意味着法律与宗教的解释者、观察者不再把它们看成是认识对象，而把它们理解为自己也参与其中的事业。如此，则法律与宗教的固有畛域必将消失，正义的便是神圣的，神圣的便是正义的（在最高的层次上面），否则，既没有正义，也没有神圣。

在伯尔曼看来，这便是未来的新时代。然而要进入这新时代，仅凭综合是不够的，还必须有对于新时代的信任，有全身心的投入，而这就意味着整个社会的新生与再生。这里，伯尔曼提出了再生的概念，从而把我们带入到一种深邃而又充满激情的经验之境。

这是一个社会精神上的死亡与再生，这种死亡与再生不只是观念与行为或者意识形态的激烈改造，而是超越法律和宗教的。**"一个体味过这类经验的社会承认，它的生存条件是难以忍受的，它承受自己以往的失败，自甘消解；然而同时，它超越了它的过去而复生，展示出新的天堂和新的尘世，并且着手尝试着把它新的信仰作为自己的生存方式。"**（第120页）伯尔曼把这种体验比作佛陀在出家求道过程中体验到的那种"顿悟"，比作十字架上基督口诵诗篇中所描述的绝望与获救。而这，正是西方社会在诸如1789年和 1917 年曾经有过的体验，在某种意义上，也是整个人类今天可能会有的体验。

表面上看，二十世纪的人类较以往任何时候都更富足和强大，但实际上，我们又可以说它比任何时候都更匮乏和孱弱。它创造出了足以毁灭自身的力量，但却失去了对这力量的控制；它能够告诉我们几十万年以前和以后行星的某种变化，对于自己的命运却茫然无知；它还没有完全摆脱贫困，却又直接面对着生存的危机：能源危机，生态危机，核战争的危机。除此之外，还有许多令人苦恼的地区或者全球性问题：种族问题，宗教问题，都市问题，犯罪问题，代沟问题，两性问题，公正问题，效率问题，发展问题，文化问题，等等等等。每一个民族都有自己的问题，每一种问题都有自己特殊的原因，但是在所有冲突之后，都有一种更根本的原因，那就是“群体意识的失落，创立团体之能力的丧失”（第 122 页）。在伯尔曼看来，这也就是死亡的体验。

这是一个严峻的时刻，人类发展史上的紧要关头。伯尔曼寄希望于人类大同——并非先知们观念中的大同，而是表现于政治、经济和文化制度中的人类联合：已备雏形的共同法，有希望产生的人类宗教。此外，伯尔曼还特别提到六十年代遍布于美国的地方自发性团体或公社。这些自发性团体虽然通常总是短暂的，但却为社会提供了关于再生的有益经验：在一段时间里面，公社成员完全与公社融为一体，“共同面对死亡、苦难、战争和压迫，共同迎接生，共同施予爱，共同劳作服务；他们感到过去的传统业已枯竭，社会已厄运当头，但同时又心感笃定安然，似乎已脱胎换骨，重获生命。”（第 129 页）

希望尚在,但要实现这希望,必得有大智大勇,有激情和创造力。

四

所有这些,听上去显得那么遥远,但又似乎颇为切近。东方与西方,置身于同一个星球,面临同样的困厄。然而,同一种大背景下面,不同人群面临着全然不同的问题。

伯尔曼谈到的那种理性思维与心灵感受,或者,客观观察与主观体验之间的分裂,在我们也不能算陌生。但是运用二元论的结果,我们要么把人看作神,要么把人当作奴隶。表现在这里的种种笨拙,其实恰好说明,二元论从来不是我们的传统。我们的传统乃是和谐,和谐的最高境界乃是人、物、自然、宇宙的交融于一。这不是主体与客体的交互作用,而是"物我两忘","物我不分"。同时,这种和谐的观念又带有强烈的道德意味,而这正是我们全部文化最为根本的特征。

我们的法律并不是西方人惯常理解的那种,毋宁说,"它们不是法律,反倒简直是压制法律的东西"(黑格尔语,见其《哲学史讲演录》卷一,第 119 页)。它是执行道德的工具,是附加了刑罚的礼。这种道德化的法律与法律化的道德其实应叫作礼法,一如希伯来的法律只合名为律法。道德无所不在,法也就"包罗万象",但是对于个人来说,法不但意味着国家的暴力(刑),通常还是耻辱的象征,因为它所惩罚的,总是不道德。于是,它又成为正常生活之外的东西。所谓"出于礼则入于刑",这既是合,又是分,它表明我们古代的法律只具有否定价值。这样的法律,自然不具有(也不要求)神圣性。孔子曰:“道之以政,齐之以刑,民免而无耻;道之以德,齐之以礼,有耻且格”(《论语·为政》)。能唤起人尊崇,甘愿践行其原则的,是德与礼,而不是法(刑政)。这些,不仅有别于西方历史上受基督教影响的法律,而且不同于希伯来法或者伊斯兰法。

我们文化的独特性还表现在政治的道德化上面。这种政治的道德化建立在一种久远的家、国不分的传统之上,它造成一种家与国、道德与法律、个人生活与公共生活混然不分的特殊格局。《大学》里面“正心、诚意、修身、齐家、治国、平天下”的连续式可以很好地用来表明这种状态。这或可以称作中国式的政教合一。自然,我们的历史上不曾有过基督教意义上的宗教和那样的宗教组织,因此也不存在灵界与俗界的对立。充作“教”的儒家学说只是伦常日用,并无神秘色彩,它自始便是世俗的,“理性的”(并非西方意义上的理性)。然而正惟如此,体现于此种道德化的政治当中的“政教合一”,实较西方历史上的“政教合一”更为广泛和彻底,也更加不容易消除。就此而言,我们所需要的,不是综合,而是分析;不是克服二元论,而是破除一元论;不是综合法律与宗教之间的裂隙,而是重新创造出一种法律,重新创造出一种宗教,一种对我们来说是全新的法律与宗教。

当然,伯尔曼是无可指责的。他并不是在讨论中国的问题,况且,他还在书后的跋里,专门谈到划分法律与宗教对于维护个人精神价值和国家独立地位的重要意义,谈到“在历史上的另一些时期,在今日世界的另一些地方”(第138页)这样做的必要性。伯尔曼的这个补充是必要的,但是对我们来说,伯尔曼此书的意义绝不只是“补充性”的,而是积极的和创造性的。

“法律必须被信仰,否则它将形同虚设。”这个判断即使不合于中国古时的情形,却至少是可以针对今日的。我们的现代法律制度包括宪法、行政法、民法、诉讼法等许多门类,它们被设计来调整社会生活的各个领域,为建构一个现代社会奠定基础,同时,它们也代表了一种精神价值,一种在久远的历史中逐渐形成的传统。问题在于,这恰好不是我们的传统。这里不但没有融入我们的历史,我们的经验,反倒常常与我们“固有的”文化价值相悖。于是,当我们最后不得不接受这套法律制度的时候,立即就陷入到无可解脱的精神困境里面。一种本质上是西方文化产物的原则、制度,如何能够唤起我们对于终极目的和神圣事物的意识,又怎么能够激发我们乐于为之献身的信仰与激情?我们并不是渐渐失去了对于法律的信任,而是一开始就不能信任这法律。因为它与我们五千年来一贯遵行的价值相悖,与我们有着同样久长之传统的文化格格不入。这样的困境不是比西方人面临的危机更难以摆脱吗?这也是一种死亡的征兆,其真实性与严重性绝不在后者之下。

十九世纪中叶,由于西方列强的侵入,我们历史的进程改变了。我们被迫接受西方的事物,从生产技术,一直到西方人的基本价值。在这种强有力的挑战面前,传统的文化格局分崩离析,这是较伯尔曼书中所谓法律与宗教之间纽带的断裂更为严重的事件,也是我们五千年文明史中前所未有的震荡。生存的问题被提出来了,有时是以物质的方式,有时是以精神的方式。前者表现在诸如甲午海战一败所引发的举国震惊,或者日寇入侵带来的亡国亡种的危机里面,后者表现在五·四以来的历次文化大论战当中。我们应当这样来认识近代以来的文化论战,因为所谓文化传统不仅代表着一个民族的过去，而且事实上构成了一个民族精神的核心。文化的解体意味着死亡，文化的抗争实即是生存的抗争。这正是一种死亡的体验，而我们至今仍未脱此死亡之境。这即是八十年代提出新的现代化方案（“保留球籍”问题）和重开文化讨论（改造和保存文化）的根本缘由。

社会也像个人一样具有求生的本能，但是处在今天这样的特殊情境里面，仅仅依靠本能是不够的。历史不曾给我们提供过有益的经验，因为我们历史上从未发生过真正的革命——如西方社会在 1640 年、1789 年或者 1917 年经历过的那种。传统的时间观亦不能给我们关于死亡与再生的启示。近代以来，我们一直关注的问题只是现代化，甚至引入西方各样基本的价值也主要是出于这样一种功利的考虑。我们没有从整体上去把握我们的生存状况，忽略了社会精神上的再生。其中一个重要的表现就是沉湎于自欺，不愿正视死亡，承受以往的失败，“自甘消解”。

然而，旧时代的死亡是无可挽回的。新的文化论战（且不管它本身是多么幼稚）再一次表明了这一点。问题在于，我们必须自觉地面对死亡，运用我们的全部力量与勇气去获取再生。而这种再生，恰如伯尔曼所说，并不是一种简单的变化，而是一种辄伴以特殊态度与倾向，尤其是对于时间和历史之特殊倾向的特殊变化（第 118—119 页）。这里，需要认识的首先就是再生的观念本身，它表现了一种对我们来说是完全陌生的时间观：不是循环的、托古改制的那种新旧纠缠，死人统治活人，而是凤凰涅槃，死亡转变为新的开端，一个时代转变为另一个时代。这是一种末日的观念，其中所包含的不仅是观念、行为以及意识形态与政治的彻底改造，而且是绝望与顿悟、死亡与再生的深刻体验,是一种真正的**脱胎换骨**。这意味着,我们必须承认以往的失败,在对自身生存状况作真正全面、深刻而且诚实的反省与批判的基础上,超越我们的过去,创造出我们自己的天堂与尘世,我们自己的法律与宗教。这将既不是重复西方的历史,也不是脱离开人类的基本追求,而是以人类社会一员的身份参与到人类中去。以全人类的精神养料滋养我们自己,又以自己独特的经验去解决人类的问题。这既是我们贡献于人类的所在,又是我们的自救之道。此一转变过程的艰难与痛苦不难想见,但这是惟一的希望。希望就在于(用伯尔曼的话说),"作为一个民族,作为一种文明以及作为人类,我们将有忍受旧时代死亡之痛苦的坚韧毅力,有对重获新生的热烈蕲望"(第131页)。

《法律与宗教》一书只八万字上下,薄薄的一册,半天就可以读完。但是书中所包含的丰富思想与深刻洞见却会给我们留下长久的思索。伯尔曼在导言中称,他所讨论的虽然是永恒问题,此书却只求适时,不求不朽。然而读毕全书,我却不能不承认,这本小书也如它讨论的问题一样不朽。本书的作者,亦将因此在创造新的宗教(如果它真能产生的话)的预言家、圣者和英雄当中据有一席之地。

1987年12月1日改毕于北京西郊

目　录

中译本序

本书据1971年我在波士顿大学所作的一系列公开演讲整理而成。这些演讲基本上照原样付印，只增加一个短小的导言、跋和一些注释。

作者系比较法和国际法、法律史以及法哲学诸领域的教师和作家。不过，本书是写给一般读者，尤其是写给所有希望了解一个社会的政治、经济和社会结构，与其道德、理性、精神信仰和希冀之间相互关系的人的。

我非常高兴而且荣幸地将此书呈献于中国的读者。同时，我又担心，要将此书的要意传达于中国人民，可能要比让美国人了解它们更困难些。

今天大多数美国人——与他们的祖辈和曾祖辈相比——都认为，法律与宗教是两种互不相关的东西。他们为法律和宗教下了褊狭的定义：法律被认为是政治机构为控制和调整社会行为而制定的规则，宗教则被认为是关乎上帝、灵魂拯救以及人格道德的个人信仰。然而，美国的法律制度，也像许多其他法律制度一样，意欲保护且促进道德的、理性的和精神的价值（"正义"），而不仅仅是社会的、经济的和政治的组织（"秩序"）；而流行于美国的信仰体系，也像许多其他国家中流行的信仰体系一样，想要引领和指导支配着美国的法律制度。本书试图向美国人提示法律与宗教更宽泛且更深一层的意蕴。虽然在我们的公开论说中,这些东西已不再时兴,但是在美国人的生活深处,它们依然存在。

对于中国的读者来说,回忆一下首次举行这些演讲的 1971 年,并且多少回顾一下本书出版的 1974 年所发生的事情,可能也是有益的。当时,许多美国人,包括很大一部分青年人,部分地由于传统的制度化组织与新的道德的、理性的和精神的信仰与希冀之间的剧烈冲突,正经历着一场巨大骚动。这些演讲,以及实际上本书都是针对那些冲突而发,并且试图为解决那些冲突提供理论基础。

我在最后一讲中指出,在二十世纪下半叶将出现历史上前所未有过的全人类共同体,虽然此一过程将是缓慢的、痛苦的。法律与宗教,就这些术语最广泛的意义而言,在实现此种世界各民族"沟通"的过程中将发挥重要作用。我将此视为所有国家未来几代人的重要使命。

哈罗德·J.伯尔曼

漫沙文雅岛,马萨诸塞

1987 年 7 月 1 日

原 序

本书由笔者1971年在波士顿大学罗威尔神学讲座(Lowell Lectures On Theology)所作的演讲组成。这些演讲基本上按原样付印,同时增加了一个短小的导言、跋和一些注释。

演讲所针对的是一般听众——他们并非传统意义上的神学家——而我希望,这本由演讲辑成的书,将使所有想要了解一个社会的制度结构与这个社会的各种基本信仰之间关系的人感兴趣。

我要感谢波士顿大学神学院院长沃尔特·谬尔德(Walter Muelder)和罗伯特·耐尔逊(Robert Nelson)教授,感谢波士顿大学法学院院长保罗·西斯金德(Paul Siskind),是他们邀请我举行了这些演讲。我还要感谢本书的全体评论者——乔治·艾沃利(George Avery),沃尔特·密勒(Walter Miller),威廉·斯特林费罗(William Stringfellow),巴斯卡姆·泰利(Bascomb Tally)和约瑟夫·C.韦伯(Joseph C. Weber)——他们在最后一讲的结尾,讨论了一些我提出的问题。他们的批评对我准备本书的跋和脚注大有帮助。此外,我要向当时还是哈佛法学院学生的威廉·亚历山大(William Alexander)和威廉·安德森(William Anderson)致谢,他们对我在1970年夏天的研究提供了有益的帮助,当时,这些演讲刚开始成形。我还要感谢当时是法律研究生的詹姆斯·戈德利(James Gordley),他曾就本书手稿做了一些重要的评论。最后,我要对我的同事,哈佛法学院的罗伯特·M.盎格尔(Roberto M. Unger)和奥柏林学院宗教系的爱德华·朗(Edward Long)表示谢忱,我曾与他们详细讨论过这些演讲,并从他们两位的批评中获益匪浅。

H.J.伯尔曼

坎布里奇,马萨诸塞

1973年5月29日

导　言

这是一部演讲集，而非一部专论或专著。它意在论断和诘难，而非详细论证。虽然所讨论的是永恒的问题，本书却只求适时，不求不朽。

本书的主要观点是，法律与宗教是两个不同然而彼此相关的方面，是社会经验的两个向度——在所有社会，尤其是在西方社会，更特别是在今天的美国社会，都是如此。尽管这两方面之间存在紧张，但任何一方的繁盛发达都离不开另外的一方。没有（我所谓）宗教的法律，会退化成一种机械的法条主义。没有（我所谓）法律的宗教，则会丧失其社会有效性。

一些听众担心，本书对法律与宗教的冲突没有给予更多的强调。确实存在着这样的危险，即由于没有看到这是一种对立物的辩证综合，而将法律与宗教间的调和过于简单化了。本书的跋就部分是为了减少这种危险而写的。不过，因为跋和演讲本身提到的种种原因，我确信，关于法律与宗教分离，我们听到的太多了，而关于它们的根本一致，却很少听人谈起。我也许应该强调，我是在最广泛的意义上谈论法律和宗教，即把法律视为社会中分配权利与义务的结构和程序，把宗教视为社会关于终极意义和生活目的的直觉知识和献身。

当流行的法律和宗教概念变得过分狭隘,并且此二者间的纽带因此而断裂的时候,社会便陷于混乱。现存的制度结构和程序失却其神圣性,反过来,社会建基其上的神圣价值被视为纯粹的伪善。最终,这种混乱状况可能让位于主张彻底变革的广泛要求。这正是我做这些演讲时美国(不仅是美国)所处的境况。有数年之久,各种激进运动鼓荡着这个国家和其他地方:青年文化,新左派,和平运动,妇女解放,黑人好斗集团和其他运动。1950 年代和 1960 年代早期似乎已经偃旗息鼓的较大思想体系如民主主义、社会主义和各种形式的共产主义在 1960 年代后期也开始复苏。所有这些运动,都以各种西方文明建立于其上的基本价值(我称之为宗教价值)的名义来抨击现存的制度结构和程序。但是,它们中的大多数没有提出用以取代现存体制的、实际可供选择的制度结构与程序,另一些则是反法律和反结构的。因此,它们只能听凭"现行体制"决定一切,而后者的回应在很大程度上不过是重申"法律与秩序"而已。

1973 年,在我撰写这篇导言的时候,1968—1972 年间的大多数激进运动似乎已经沉寂,至少暂时是如此。我们好像已经回到一种含混的混乱状态。也许,这些演讲比以往任何时候都更为适时。针对"现行体制",它们指出,没有承诺、热情、斗争和信仰,一个民族便无法长久地生存。它们也告诉激进主义者们,倘若没有对制度和结构变革的洞察和想像,一种对法律而不仅仅是对宗教的洞察——一种实际上对法律与宗教相互作用的洞察和想像,则革命便无以成功。然而,在整个社会具有这样一种洞察和想像力的地方,革命又是不必要的;它已经发生过了。

以下四章采取四种不同的视角。第1章是人类学的：它把法律与宗教看成是所有文化都有的领域，并且认为，在包括今天我们自己的文化在内的所有文化里面，法律与宗教共同具有某些要素，即仪式、传统、权威和普遍性。这些法律的宗教成分并未经常受到当代法律学者们的重视。相反，法律通常被描述成世俗的、理性的、功利的制度——一种达到某种目的的手段。然而，一旦人们由书本上的法律深入到法律赖以制定、解释和适用的过程中去，他就会看到浸渍于法律的神圣性的标记。美国的立法机关或法院是如此，就像任何一个部族的程序是如此一样。法律必须被信仰，否则它将形同虚设。它不仅包含有人的理性和意志，而且还包含了他的情感，他的直觉和献身，以及他的信仰。

第2章采取历史的视角。它论述了过去两千年间宗教对于西方法律的影响，不仅包括传统的犹太教和基督教的影响，而且还有在过去两个世纪里基督教的态度与价值已被植入其中的民主主义和社会主义这类世俗宗教的影响。这一章的主题是，我们的基本的法律概念和法律制度，在一个宗教在其中扮演了主要角色的历史发展过程中获得许多意蕴。实际上，法律不断演进的观念，它的跨越许多世代而有机发展的观念，本身就是植根于犹太教和基督教的宗教观念。此外，在十一世纪以后的西方历史中，发展中的法律传统周期性地被大革命所打断，每一次革命都以宗教或准宗教理想之名抨击先前的法律制度，每一次革命最后也都创造了建立在这种梦想上面的新的法律制度。

第3章把注意力由法律的宗教方面转移至宗教的法律方面。这一章的视角是哲学的。它试图揭示出那些认为法律与爱，法律与信仰，或者，法律与神恩之间存在不可调和的矛盾的宗教思想派别的谬误。在所有宗教、甚至最神秘的宗教里面，都有对社会秩序和社会正义的关切，有对不但宗教团体内部、而且宗教团体乃是其中一部分的更大社会群体中的法律的关注。在犹太教和基督教里，法律被理解成上帝之爱、信仰和神恩的一个方面；犹太教和基督教都教导说，上帝是仁慈的和公正的，他是仁慈的法官，是充满爱心的立法者，而且上帝本性中的这两方面彼此并无矛盾。当代新教与天主教思想中的唯信仰论倾向，即相信实现社会秩序的结构和程序不容于人类的最高品性与蕲求，与美国许多自发公社所表露出的“反主流文化”的世俗天启主义不谋而合，在 1960 年代和 1970 年代初期，这类公社曾雨后春笋般地兴起于美国各地。但是，没有结构和程序，没有规范，则自发性、欢悦、自我发现、亲密合作以及这类团体的其他崇高品质与蕲求便不可能长存下去。

第 4 章采取的视角很难归类。它探究西方人于革命时代（例如我们正开始进入的现时代）所面临的困境，此时，现行法律体系与宗教体系已经崩坏，并且似乎还没有出现能够取代它们的新制度。这或许可以被称为末世学的视角。生活在两个世界之间，我们正经验着旧的法律和宗教秩序的死亡，并且准备着它们的再生。正在死去的与其说是其制度结构，莫如说是这种结构赖以建立的基础（事实上，前者似乎还有明显的耐久力）。这些基础中的一个重要部分是这样一种假定：法律与宗教是生活中完全分离的两个方面——我们管理社会所需之方式，与最深刻的直觉和最深沉的献身无关，反之亦然。在这种法律与宗教截然分离后面的，乃是在过去九个世纪里一再威胁着西方人整体性的二元思维模式。主体全然分离于客体，人疏离于行为，精神疏离于物质，情感疏离于理智，意识形态疏离于权力，个体疏离于社会。对这些二元论的克服便是未来希望之所在。我们所期待的新时代乃是一个综合的时代。借由将法律与宗教的价值融合于一的各种友爱团体的经验（在从公社到联合国的各个层面上），旧的二元论的死亡将唤来新生。

摘要说明了各章主题之后，我发现本书的短小篇幅与上述论题的重要性之间很不相称。要系统和综合地研究这些题目，势必要有如艾略特博士（Dr. Eliot）的五脚书橱。* 不过在另一方面，本书意在成为一项初始的研究。然而，就是由传统学术的观点来看，它也可以成为未来研究的一个有用的绪论。

事实上，上述主要论题从未成为学术文献中广泛讨论的对象。就我所知，没有一部人类学著作是直接研究法律程序中仪式、传统、权威和普遍性的作用的，尽管研究世界几大宗教中这四种要素的不乏其例。而且以我所知，也没有一部历史学著作直接研究宗教对于西方法律之历史发展的影响；实际上，尽管人们很难否认罗马天主教的教会法对于西方世俗法律制度有过极大影响这一事实，但对这种影响的广泛研究似乎不曾有过。有为数极少的几本著作的确探讨了十七、十八世纪清教对英国法和美国法之影响，但这项研究不过刚刚开了个头。此外，尽管人们经常提到西方民主

* 艾略特博士系十九世纪哈佛大学的一任校长，他曾主持出版过为数一百卷的“哈佛古典学术丛书”。作者这里的意思是：要对这样的题目加以详尽研究，研究者必得写出像“哈佛古典学术丛书”这样卷帙浩繁的大部头著作才成。——译注

主义与社会主义的观念在历史上发源于西方基督教的观念，但是就我所知，这一问题从未被人系统地研究。

关于第3章的主题——基督教思想中的反法律倾向——已有大量论述；这一章综括了有关文献，并在注释里面引用了其中一些材料。不过，关于这一章的另一个论题——反主流文化和各种公社中的反法律倾向——却还有大量的经验研究留待完成。

最后，第4章讨论了东方基督教与西方基督教，以及基督教与非基督教宗教之间看待法律的不同态度问题。它还讨论了革命社会学与基督教末世学之间关系的问题。这些也都是经常为人提起（有时是以与它们在这里被提到的方式极相近的方式）但又未经系统研究和详尽阐释的主题。

所以，在本书基础上的进一步研究留给读者去做。如果他要将此书当作深入研究的起点，我就无须为本书的过分简略和它在取材方面的选择性而不安了（事实上，任何试图整合已有学科的研究，在这些学科的专家们看来，都会显得不彻底和具有选择性）。

然而，在被大大滥用的“学术”这个词的通常意义上，本书主要不是作为学术著作写给人们的。写这本书主要是为了提醒我自己和其他人，我们把世界划分成分隔的部分，这些部分却不是独立自足的单位，如果它们不向彼此互相开放，就会禁锢和窒息我们。律师们研习和运用他们的概念和技巧；神学院的学生们只关心精神之物；教授们则固守其本业。然而，法律诸神与宗教诸神，以及我们社会的各种其他神祇，将不能够给予我们为保全我们民族和文明的完整性所需要的洞察力和想像力。这种洞察力和想像力必定超越了现在威胁要毁灭我们的各种界分。我这里说的主要不是国家、种族、阶级、性别和世代的各种界分，而是我们头脑和心灵里面的各种界分，是我们观察事物和感受事物的方式上的各种界分。我们迄今为止一直当作分离物看到和感觉到的东西，现在必须被理解成单一历史过程中相互作用和相互依存的不同向度。

1　法律中的宗教

西方人正经历着一场整体性危机（integrity crisis）——一种许多男男女女在他们年满五十时便会经验到的那种危机。其时，他们极为严肃、并且经常不安地自问，生活的意义何在，他们正去向何方。现在，我们不仅作为个人，而且以民族和以民族中各种群体的名义提出同样的问题。我们的全部文化似乎正面临一种精神崩溃的可能。[①]

① “整体性危机”一语采自艾里克·艾利克森（Eric Erikson）的著述，这句话远不如他的“认同危机”一语来得著名，这也许是因为，后面这句话与青年向成年的转变有关，它是公开的，众人皆知，而前一句关系到整个生命历程的“终结”，这更趋于隐秘，也更令人困窘。艾利克森谈到“清楚意识到有限的生命正趋于终结时的绝望”。他用这样的话来述说需用来平衡这种绝望的整体性：整体性“是自我对觅得秩序与意义的日渐增强的信心；是人对本真自我（ego）而非自然自我（self）的一种超自恋性自爱，它乃是一种特殊体验，由此人得以体悟某种世界秩序，某种精神意蕴，不论人须为此付出何等高昂的代价。它意味着人把自身仅有一次的生命奉为某种必须存在的历程，一种决不可以被替代置换的历程，由此，它也意味着人对其父母的一种全新的挚爱。它是人与遥远年代里和人类种种追求中所呈现的有序方式之间的亲切关联，即他与从这些年代和追求中产生出的纯朴产物和言述之间的亲切关联。种种不同的生活方式都曾赋予过人类之劬劳努力以意义，而领有整体性者尽管深谙所有这一切生活方式皆是相对的，却决意要捍卫他自身生活方式的尊严，不管这意味着他要承受多少物质上的或经济方面的风险。因为他深知，一个人的生命不过是历史进程之一瞬与一生命历程的不测耦合；而且他也知道，对他来说，整个人类的整体性都依赖于他所分有的那种整体性方式，存亡与共。因此，这种因他所隶属的文化或文明而发展成的整体性方式便成了‘他之灵魂所继承的祖业’……面对如此彻底的解决办法，死亡只得收敛威风，自

这种业已临近之崩溃的一个主要征兆，乃是对于法律信任的严重丧失——不仅遵守法律的民众如此，立法者和司法者亦如此。第二个主要征兆，是宗教信仰的丧失殆尽——同样，不但在出入教堂和犹太会堂（至少在葬礼和婚礼上）的民众方面是这样，教士们也是这样。

历史学家会告诉我们，每一代人中间都会有这样的抱怨，说人们正在丧失其宗教信仰和对于法律的尊重。而且，今天虔信和守法的欧洲人和美国人也可能多于我们历史上的其他时期。不过，一场整体性危机的征兆却是确凿无疑的。最初，是第一次世界大战之后的那些艺术家、诗人和小说家（如毕加索和乔伊斯等）发出了信号，他们的作品表明，传统的空间概念、时间概念乃至语言本身都在解体、崩溃。后来便是出现于三十年代的思想激变，当时，社会科学家告诉我们，传统的社会、政治和经济结构业已丧失其正当性。欧洲被新的革命神话弄得四分五裂，美国则奉行孤立主义政策。具有讽刺意味的是，倒是第二次世界大战暂时地帮了西方各国一下。我们发现，我们仍能采取集体行动，仍能为传统的共同目标作出个人牺牲。这种精神在战后还人为地维持了一阵，尤其是因为有与共产主义的对抗。然而，自 1950 年代后期始，我们日益感觉到一种徒劳的意识，一种厄运将至的预感，其中最明显的征兆就是，都市里世风日下，许多青年极度失望，以及，在致力于国内外和平的事业中，各国都不能够采取果断的行动。

惭形秽”。Erikson, *Childhood and Society* (2nd. ed., New York, 1963), p. 268, *Insight and Responsibiliy* (New York, 1964), p. 134. 这里不宜发挥下面这个观点（我将在第 4 章再来讨论这个问题）：整个社会可能经历与在个人生命历程中相似的发展阶段。

使之成为一种整体性危机而非其他危机的，正与宗教信仰和法律信仰的丧失有关。在第一次世界大战以前的几个世纪里，宗教与法律（尤其是在美国）乃是我们集体生活的遗产。它们体现了我们对共同目的的意识和我们关于社会秩序和社会正义的观念——“由[我们的]……文明促成的整体样式”（艾利克森语）。[①]因此，我们对于正式的宗教和法律的幻灭就是一种征兆，它意味着我们从根本上丧失了对于基本的宗教价值和法律价值的信任，意味着对使生活变得有意义的超验实体的信仰和委身意识逐渐消失，以及，对于带来社会秩序与社会正义的任何一种结构和程序的信赖和归属感的式微。对于过去维系着我们的那些价值实体的怀疑令我们痛苦不安，我们开始面对毁灭的前景。

如何解释我们对于法律和宗教之信仰的幻灭？自然，其间有许多种原因。而其中之一，我相信，便是法律与宗教的截然分离。这又部分是因为，我们未能恰如其分地认识正式的法律和宗教制度与我上面提到过的基本法律价值和宗教价值之间的关联。我们关于这些问题的想法狭隘而且僵化，对此，法学院和神学院都有责任。

如果我们依据辞典，把法仅仅看成是一种结构或是由政治当局制定的“一套”规则，同样，把宗教仅仅视为一种与超自然有关的信仰和实践的制度，那么，法律与宗教就好像无甚相干，或者，只在少数极狭小和特定的方面有关联。但是实际上，情形远非如此。**法律不只是一套规则，它是人们进行立法、裁判、执法和谈判的活动。它是分配权利与义务、并据以解决纷争、创造合作关系的活生**

① *Childhood and Society*, p. 268.

生的程序。宗教也不只是一套信条和仪式;它是人们表明对终极意义和生活目的的一种集体关切——它是一种对于超验价值的共同直觉与献身。法律有助于为社会提供维持其内部团结所需要的结构和完型;法律以无政府状态为敌。宗教则有助于给予社会它面对未来所需要的信仰;宗教向颓废开战。[①]

---

① 参见 Eugen Rosenstock-Huessy, *Speech and Reality* (Norwich, Vt., 1970), pp. 12 以下。在这个问题上,有些读者可能要求有更明确的法律与宗教的定义。作者恳请他们施惠:在某种意义上,本书四章总体上都是在寻求这两个术语的正确定义。但是,为了对这段话略作说明,先强调几个问题可能会有益处。首先,我们不仅把法律看成是社会现象,还把它看作心理现象:它涉及社会秩序的观念,权利与义务的观念以及正义观念,而它们是每一社会成员所感受到的东西,而不仅仅是社会的公共规则体系。其次,我们不但把宗教看作心理现象,还把它看成是社会现象:它关涉到社会对于超验价值的集体关切,而不仅是单独之个人信仰。因此,法律与宗教被看成既是人类本性又是社会关系的两个方面。再次,我们避开宗教是否必定包含有对神或诸神的信仰的问题。我们把这样一些信仰和实践都视为宗教:它们把传统自然神宗教中通常给予和献给上帝或众神的那种奉献和权力赋予任何人、事物或者力量——不管它们是不是被明白认为是神圣的。比如,苏联的学童们被教育说:"列宁过去活着,现在依然活着,将来永远活着。"我们会把这就叫做宗教信仰的表述,即使同是这些苏联学童还被教导要不信神和反对宗教。

宗教"是人们表明一种对于终极意义和生活目的的集体关切——它是对于超验价值的共同直觉和献身",这个表述并非用来作宗教的综合性定义,而毋宁是对宗教之核心方面的提示。还有其他方面,如独居之神秘主义者的内心生活,但是我相信,这些方面最终要仰赖集体的信仰。也有可能发现"终极"与"超验","意义"与"价值","关切"与"直觉"或者"献身"之间的对照和紧张;但是就眼下讨论的问题而言,我相信,这些术语应被看成是互补的而不是彼此矛盾的。想要就宗教概念范围的定义问题深究下去的读者,可以参阅下面这些著作:Rem B. Edwards, *Reason and Religion: An Introduction to the Philosophy of Religion* (New York, 1972), Roland Robertson, *The Sociological Interpretation of Religion* (Oxford, 1970),以及 Peter L. Berger, *The Sacred Canopy: Elements of a Sociological Theory of Religion* (New York, 1967)。其中,最后一部与我的思路最近,特别是在这一点上:它避免像许多著作那样把宗教还原为形而上学或道德,或者还原为两者。(参见 Geertz, "Religion: An Anthropological Study,"载 *Encyclopedia of the Social Sciences*, pp. 400,406。)

这是社会关系的——也是人性的——处于紧张关系中的两个方面：法律以其稳定性制约着未来；宗教则以其神圣观念向所有既存社会结构挑战。然而，它们同时又互相渗透。一个社会对于终极之超验目的的信仰，当然会在它的社会秩序化过程中显现出来，而这种社会秩序化的过程也同样会在它的终极目的的意识里看到。事实上，在有的社会（比如古代以色列），法律，即《摩西五经》，就**是**宗教。但是，即便是在那些严格区分法律与宗教的社会，它们也是相辅相成的——法律赋予宗教以其社会性，宗教则给予法律以其精神、方向和法律获得尊敬所需要的神圣性。在法律与宗教彼此分离的地方，法律很容易退化成为僵死的法条，宗教则易于变为狂信。

在这一章里，我准备简要地谈谈法律对宗教的倚赖。

人类学的研究证实，在所有的文化里，法律与宗教都共同具有四种要素：仪式，传统，权威和普遍性。[①] 在任何一个社会，这四种

① 参见 Huston Smith, *The Religions of Man* (New York, 1958), pp. 90—92。此书作者把仪式、传统和权威列在宗教的六个方面中间，它们"看上去那么井然有序，似是表明，人类本性天然便需要这些宗教要素，以致任何一种想要使人类服膺的宗教都不可能断然撇开它们"。史密斯列出的第四种要素是"关于上帝之至上权威和恩典的概念"；我们用普遍性替换了这个概念，因为我们把不承认上帝存在的信仰也包括在宗教世界里面。史密斯认为所有世界性宗教具有的另两个方面是沉思（在形而上学的惊异的意义上）和神秘（在隐秘和离奇的意义上）。

还可以参阅 Roscoe Pound, *Law and Religion* (Rice Institute Pamphlet, XXVII, April, 1940)，在这本书中，权威和普遍性被看成是宗教贡献于法律的观念。但是，在庞德看来，一种法律体系包含有众多理想，而这些理想又有多种渊源，宗教不过是可能的渊源之一。所以它并非是法律必不可少的一个方面。

大多数关于原始社会法律与宗教关系的人类学研究为宗教所下定义在我们看来过于狭隘，它把宗教的含义局限在超自然信仰和巫术方面。

要素，就如下面我要说明的那样，都标志着人寻求超越己身之上的真理的努力。它们因此将任何既定社会的法律秩序与这个社会对于终极的超验实体的信仰联系在一起。同时，这四种要素赋予法律价值以神圣性，并且因此而强化了民众的法律情感：权利与义务的观念，公正审判的要求，对适用法律前后矛盾的反感，受平等对待的愿望，忠实于法律的强烈情感及其相关物，对于非法行为的痛恨，等等。这类构成任何法律秩序的必要基础的情感，不可能由纯粹的功利主义伦理学中得到充分的滋养。它们有赖于人们对它们自身所固有的终极正义性的信仰。当代西方社会流俗的见解主张：法律主要是推行统治者政策的手段，但从长远计，这种见解最终将自取其咎。仅从效力角度考虑法律，则我们使之丧失的，便正好是效力。没有对法律中的宗教要素予以充分的注意，我们就消除了它施行正义的能力，可能甚至夺去了它生存的能力。

世俗-理性模式

谁要断言，不仅在我们历史上的过去，也不仅在非西方的文化当中，而且在今天，在技术发达的西方各国（包括今天的美国），宗教因素对于法律的有效运行有着不可或缺的重要性，那谁就要为此做一番艰苦的证明工作。

传统的看法正好相反。它主张：虽然多数文化中的法律最初可能由宗教中产生，而且在某些时代，比如天主教的中世纪，或者清教徒时代，我们自己的法律也可能保有宗教因素，但在过去的两百年里，这些宗教因素已经被逐渐清除，以至今天它们差不多荡然无存;进而,现代法律应完全根据其工具性来加以解释,也就是说,法律应当被理解为是一件用来贯彻特定政治、经济和社会政策的精心制作的工具。

当代社会科学用"世俗"和"理性"一类语词来概括现代法律的特征。[①] 所谓法律的世俗主义,是与对神法或为神圣信念所唤起的自然法之信仰的衰落联系在一起的。人们认为,现代国家的法律并不反映有关终极意义和生活目的的任何一种观念;相反,它的任务是有限的、物质化的、非人格的——去发挥某种功用,让人们依某种方式行事,如此而已。

法律这种世俗性概念,与其理性概念有着密切的关联(就理性这个词已为社会科学家使用的特殊意义而言)。为诱使人们按某种方式行事,立法者诉诸民众计算其行为后果、估量他们自己的和别人的利益以及权衡奖惩的能力。这样,法律人像经济人一样,被看成压抑其梦想、信念和激情,不关心终极目的,一味任用理智的人。同时,法律制度,从整体上看,也像经济制度一样,被看成是庞大、复杂的机器——科层制(借用马克斯·韦伯的定义)——其中,

① 参阅 Max Weber, *On Law in Economy and Society*, Max Rheinstein, ed. (Cambridge, Mass., 1954), pp. 224—283。一部受韦伯影响、今日广为流行的社会学教本记述了关于世俗主义和理性化的如下讨论:"现代人觉得能更自由地发问'善是什么?'借用人们惯常用来描述世界之**世俗主义**潮流的术语来说,世界业已'离魅脱神'(disenchant),'官能'泛滥,'物欲'漫衍,'精神'消退。世俗主义在社会组织中促进了**理性化**。许多行为方式被有意地依据效用和效率来设计和衡量……在人类关系方面,世俗主义和理性化与**无人格性**携手。由于亲属意识的削弱和功利的倾向性,人很容易被当做手段而非目的来看待。"Leonard Broom and Philip Selznick, *Sociology: A Text with Adapted Readings* (4th ed., New York, 1968), pp. 47—48。

各个部件依据特定刺激和指令履行特定的职能，它独立于整体的目的。

最近，纽约大学的托马斯·弗兰克(Thomas Frank)谈到这种法律概念同与之相应的宗教观念之间的对照。他写道，与宗教相比较，法律"已经……完全变成实用的人类活动。它为人所制定，既没有神圣的渊源，也没有永恒的有效性"。这就使得弗兰克教授认为，法官在作一项判决的时候，并不是在宣明真理，而毋宁是在进行一项解决问题的试验。如果他的判决被上级法院推翻，或者随后就被驳回，那并不意味着判决有误，而不过是说，它不能(或者由于时间的关系变得不能)尽如人意罢了。在与宗教摆脱干系之后，弗兰克又说，法律现在具有"存在相对主义"(existential relativism)的特征。事实上，现下一般都承认，"没有什么司法判决会是'最终的'，法律随事而易迁(并非永恒或者确定)，而且由人创制(并非神圣或者至真)"。[1]

另一方面，弗兰克也承认，过分强调这种观点可能损害公众对于合法性的尊崇。法律制度更容易"引起争议，而不大可能激发公众矢志不移的忠诚"。我们要进一步问，那种不能唤起公众对法律不可动摇的忠诚但能激发他们遵从法律的普遍意愿的东西是什么？如果法律仅仅是一种试验，如果司法判决也不过是执法者的直觉判断(hunches)，为什么个人或者团体应该遵守那些与他们的利益相悖的法律规则或命令？

① Thomas M. Franck, *The Structure of Impartiality: Examining the Riddle of One Law in a Fragmented World* (New York, 1968), pp. 62, 68—69.

拥护工具论的人通常这样来回答，人们一般要服从法律，因为他们害怕不这样就会招致司法当局的强力制裁。这个回答从未令人信服。正如心理学研究现在已经证明的那样，在确保遵从规则方面，其他因素如信任、公正、信实性和归属感等远较强制力为重要。[1] 正是在受到信任因此而不要求强力制裁的时候，法律才是有效率的；依法统治者无须处处都仰赖警察。今天，这一点已为一有力的反证所证实：在我们的城市里，惩罚最为严厉的那部分法律，也就是刑法，在以其他手段不能引人尊敬的地方，也没有办法让人畏惧。如今，每个人都知道，没有任何警察可以实施的力量能够制止城市的犯罪。总之，真正能阻止犯罪的乃是守法的传统，这种传统又植根于一种深切而热烈的信念之中，那就是，法律不只是世俗政策的工具，它也是终极目的和生活意义的一部分。

在任何一个社会，法律本身都力促对其自身神圣性的信念。

① 瑞士心理学家让·皮亚杰首开儿童道德发展的研究，其研究表明了认知因素远比强制因素重要。参见 Piaget, *The Moral Judgment of the Child* (New York, 1932)。劳伦斯·科尔伯格(Lawrence Kohlberg)最近在皮亚杰的基础上又有建树，证明人类中普遍存在从"权利"经"服从"到"公正"的有序思维模式。见 L. Kohlberg and E. Turiel, eds., *Research in Moralization: The Cognitive-Developmental Approach* (New York, 1972)。又见 Derek Wright, *The Psychology of Moral Behavior* (Baltimore, 1971)。受皮亚杰和科尔伯格理论的影响，居恩·L.泰普(June L. Tapp)的跨文化心理学研究也十分强调本书所列举的要素——归属，信用，公平和信任，认为它们对于儿童的是非标准和法律观念及正义观念的发展具有重要作用。参见 June L. Tapp and F. J. Levine, "Persuasion to Virtue: A Preliminary Statement", *Law and Society Review* IV(1970), 565, 576—581；June L. Tapp, ed., "Socialization, the Law, and Society", *Journal of Social Issues* XXVII(1971)。艾里克·艾利克森在他的论文"Identity and the Life Cycle", *Psychological Issues* I(1959)中讨论了信任与隶属在发展法律与正义的观念中的重要性；艾利克森后来的著作也强调了这些要素。参见其 *Insight and Responsibility* (New York,1964)。

它以各种方式要求人们的服从，不但诉诸他们物质的、客观的、有限的和理性的利益，而且求诸他们对超越社会功利的真理、正义的信仰，也就是说，它以那些与流行理论所描绘的现世主义和工具主义面目不同的方式要求人们的服从。甚至约瑟夫·斯大林也不得不把会使人们确信其内在正义性的因素（情感因素、神圣因素等）重新引入苏维埃法中，因为若不这样，苏维埃法的说服力就会完全丧失，即便斯大林也不能够仅凭暴力威胁来统治。虽然斯大林用了一切恐怖手段来对付潜在的敌人，他还是把“社会主义合法性”奉为得到普通人民支持的依据，并且想借“社会主义合法性”和“法律的稳定性”之名，重新确立苏维埃法院的威严和苏联公民之义务与权利的神圣性。[①]

同样，认为法律完全是存在性的（existential），完全以时间、地点的情境为转移，申言法律不能用真理或正当性的标准而只能以可行性的标准来衡量，主张法律“不要求有神圣的渊源或者永恒的

① 见 Harold J. Berman, *Justice in the U. S. S. R.: An Interpretation of Soviet Law* (2nd ed, Cambridge, Mass., 1963), pp. 46—65。苏联最初的官方理论主张：在无产阶级专政下，法律不过是权宜之计，在由资本主义转变为社会主义的过程中，需要有像法律这样的国家权力；不过，它就其本性而言是“资产阶级的”，在社会主义社会中它最终注定会消亡。在1930年代中期，这个理论被斥为“法律虚无主义”，苏联当局转而宣布，在社会主义社会，法律体现了全体人民的意志，因此人民不仅应服从它，在理智上赞同它，而且还应忠诚于它，信仰它。社会主义法律是神圣的这种观念，在斯大林看来，与运用恐怖手段打击敌人（或者确切说是潜在的敌人）并不矛盾；相反，正是苏联法的神圣性为无情摧毁那些不忠诚于苏联法律、不信仰它的人提供了正当依据。当然，任何一种使法律的神圣化达到与宗教（或准宗教的意识形态）完全合一的程度的社会制度都面临此种巨大的危险。关于这一点，我们要在下一章详加论述。在本章，我们关注着相反的一种危险——并非专制的而是无政府的危险。一旦法律被世俗化，一旦它完全与宗教（或意识形态）相分离，这种危险便会立即出现。

有效性”,[1]这种看法也不能自圆其说。它在课堂上还说得过去,但在法庭上或立法机构里就站不住脚了。那些声称仅仅是直觉判断或者实验的司法判决或制定法缺少守法——不只是“大众”的守法,而且是我们所有的人、尤其是法官和立法者的守法——最终所倚赖的信实性。

记得1947年,已故的特曼·阿诺德(Thurman Arnold,作为一个教师和作家,他把所谓“法律现实主义”的理论推到真正是玩世不恭的地步)在耶鲁大学法学院的课堂上大讲而特讲法官只根据他们的偏见作出判决,当时,一个学生打断了他的话,问道,他本人在法官任上是不是就如此行事。阿诺德在回答之前停顿了片刻;在场的人会有这样的印象,随着他的教授身份让位于法官身份,他就把自己由海德先生(Mr. Hyde)变成杰基尔医生(Dr. Jekyll)。* 他回答说:“这个,在课堂上,我们可以坐而论道,剖析法官的行为,但是一旦你黑袍加身,坐在高高的法庭之上,被人尊称为‘阁下’,你就**不得不**相信,你是在根据某种客观标准行事。”[2]

① Franck, *The Structure of Impartiality*, p. 62.

* 参见英国名作家史蒂文森(R. Stevenson)的《化身博士》一书。在这部喻意深刻的小说中,史蒂文森塑造了杰基尔医生这样一位热衷于探讨人性善恶问题的人物。他服用自己制造的药物,创造出自己的化身——海德先生,并把自己身上所有的恶念都分给了海德先生。——译注

② 这个插曲是根据记忆叙述的,作者那时是教授—法官阿诺德班上的一名学生。这种对法律仪式和法律神话的矛盾心理反映在阿诺德的两部主要著作里。参见 *The Symbols of Government* (New York, 1935)与 *Folklore of Capitalism* (New York, 1937)。

法律与宗教的共同要素

世俗-理性模式忽略了法律中某些超越了理性的要素、尤其是那些为法律与宗教所共有的要素的重要性。这与把法律主要看成是一套规则并且低估了规则被宣示于其中的语境有关。一旦法律被理解为积极的、活生生的人类活动,它就包含了——正好比宗教包含了——人的全部生命,包括他的梦想,他的激情,他的终极关切。

法律与超理性价值联系和沟通的主要方式有四:首先,通过**仪式**,亦即象征着法律客观性的仪节程序;其次,经由**传统**,即由过去沿袭下来的语言和习俗,它们标志着法律的衍续性;再次,依靠**权威**,即对一些成文的或口头的法律渊源的依赖,这些渊源本身就是决定性的,它们标志着法律的约束力;最后是凭借**普遍性**,即主张法律包含了象征法律与绝对真理之间联系的普遍有效的概念或者洞见。这四种要素——仪式、传统、权威和普遍性——存在于所有法律体系,一如它们存在于所有宗教里面。它们提供了一种语境,任何一个社会(虽然有的社会在程度上不及其他社会)的法律规则都是在这一语境中被宣示,并且从中获得其合法性。

在上面提到过的那个小插曲里,特曼·阿诺德竞强调象征职责的各种符号——法官袍服,法庭布置,尊敬的辞令——对他自己(当他作为一名法官时)的影响,这一点引人注意。这类符号应当不仅使法官本人,而且也使审判过程的所有其他参与者、实际上是整个社会都铭记不忘,肩负审判重任者必得摈除其个人癖好、个人偏见，以及其**先入为主**的判断。同样，陪审员、律师、当事人、证人和参与审判的所有其他人，也因为开庭仪式（随全体起立而喊出“肃静！肃静！”），严格的出场顺序，誓言，致词的形式以及表明场景的其他许多仪式而被赋予他们各自的职责。这可不是那种我“就是我”的自由竞胜之所。相反，每一个参与其中的人都强使自己的个性服从于法律程序的要求。于是，法律正义的崇高理念——客观、公正、一致、平等、公平——就被戏剧化了。如英谚所云，正义不但要被伸张，而且必须**眼见着**被伸张。这并不是说，眼不见则不能接受；而是说，没有公开则无所谓正义。借用马歇尔·麦克鲁汉（Marshall McLuhan）的名言："媒介即晓喻"。

法律的各项仪式（包括立法、执法、协商以及裁判的各种仪式），也像宗教的各种仪式一样，乃是被深刻体验到的价值之庄严的戏剧化。在法律和宗教里面需要有这种戏剧化，不仅是为了反映那些价值，也不仅是为了彰显那种认为它们是有益于社会的价值的知识信念，而且是为了唤起把它们视为生活终极意义之一部分的充满激情的**信仰**。更有甚者，如果没有这个戏剧化的过程，那些价值便无以存身，意义尽失。凭借它们在司法的、立法的和其他仪式中的符号化，司法正义的理想主要不是被当作某种功利的东西，而是作为神圣之物，主要不是作为抽象的理念，而是人所共享的情感而得到实现：共同的权利、义务观念，对公正审理的要求，对法律不一致的反感，受平等对待的热望，对非法行为的憎恶，以及对合法性的强烈诉求。

道德哲学家把关乎正义的信念归之于人的推理能力，但是我们这里谈的却是不同的东西，即人的情感；而且，我们谈的并非其道德情感，而主要是他的法律情感。[1] 霍姆斯法官曾经写道，即便是一只狗也知道被人无意绊倒和被踢一脚之间的不同。我们还要加上一句，如果狗主人为同一件事情时而奖赏时而惩戒，就是一条狗也会烦乱不安。法律的仪式将所有法律制度（哪怕是最原始的法律制度）的基本前提——相同案件应当有相同判决——符号化（使之实现）：它们把这一前提从知识观念和道德义务提升为一种集体信仰。因此，谈论对法律的忠诚或信仰绝非夸大其辞。这种忠诚本质上乃是对神圣事物、对人生终极目的的戏剧性回应，而后者正是宗教信仰的根本特征。法律像宗教一样起源于公开仪式，这种仪式一旦终止，法律便丧失其生命力。[2]

① 约翰·罗尔斯遵循康德的做法，把罪恶、廉耻、悔恨、愤慨、怨恨和类似的情感放在“道德情感”或者“道德情操”里面；把爱、友谊、信任和类似的情感归于“自然情感”或者自然态度。见 Rawls，*A Theory of Justice*（Cambridge，Mass.，1971），pp. 479—490。但是道德情感事实上不仅包括消极的而且也包括积极的情感——诸如清白、自豪、满意、感恩及其他。还有必须视为（至少部分地）道德的合作、共享、团结和互惠的情感。然而，除了康德的和康德以后的道德情感与自然情感的分类之外，还有法律情感，诸如所有权唤起的情感，侵权所引起的情感，对法律责任的感受，关于相同案件应有相同判决的感受，满足于公正审判的情感和其他情感。开创对这类法律情感之研究的，是革命前的俄国—波兰法学家列昂·白特兹斯基。见 *Law and Morality*：*Leon Petrazycki*，trans. Hugh W. Babb，并附有 Nicholas S. Timasheff 所做的导言（Cambridge，Mass.，1955）。

② 虽然已开始有论述庆祝仪式和戏剧在社会生活中一般作用的文献，奇怪的是，几乎没有关于它们在法律程序中作用的论著。不过，Johan Huizinga 的开创性著作 *Homo Ludens*：*A Study of the Play Element in Culture*（Boston，1955）中倒有论述“戏剧与法律”的短短的一章，它主要讨论古代法审判程序中的论辩（竞争 agon）因素。Huizinga 写道：“在古人看来，胜诉本身便是对真实和正当的明证”（p. 81）。Huizinga 列举了关于法律之戏剧因素的事例，其中包括神裁法、赌咒、发誓以及部族仪式的各种形式，他写道：“在罗马，诉讼中击败其他当事人的全部手段也长期被认为是合法的。各方当事人用悲恸、叹息、哭诉、大声乞求公道、让证人和受己庇护者充斥法庭以使诉讼程序给人更深刻的印象等办法来保护自己。总之，他们做了我们今天做的所有事情”（p. 87）。

法律还与宗教同样注重传统和权威。所有的法律体系都宣称它们的效力部分地建立在过去的延续性上面，它们把这种延续性保留在法律用语和法律实践里面。在西方法律制度中，如在西方宗教中一样，衍续(ongoingness)的历史意识相对甚强，以致剧变也被有意识地解释成为保存和贯彻传自过去的观念、原则所必需的。而在其他文化里面，对一致性的追求也导向某种与过去相连的延续性的观念。穆斯林的教法执行官(khadi)要守护声名，而

庆典仪式在社会生活中的重要性在 Havey Cox 的 *The Feast of Fools: A Theological Essay on Festivity and Fantasy* (Cambridge, Mass. ,1969)一书中再次被肯定，但是，它不幸忽略了法律仪式，也许是因为，它所讨论的主要是不甚严肃和较少组织性的仪式形式。不过，自发形成的节日戏剧(欢乐聚会，狂欢等等)与有组织的娱乐之间的划分(一些作家指责 Huizinga 未能做出这种划分)可能被轻易地夸大。主要问题在于，无论是否有组织，娱乐是用以自娱的，它本身即是目的。

正如仪式哲学家极少探究法律，法律哲学家也极少研究仪式，除非偶尔论及它在促进法制目标实现方面的效用或不足。所以，朗·L. 富勒强调仪式在标志和说明相互作用的预期时的沟通功能。参阅 Fuller, "Human Interaction and the Law", *The American Journal of Jurisprudence* XIV(1969)，6 以下。查尔斯·弗雷德(Charles Fried)从另一角度讨论了仪式的作用，他把审判程序看作是正义原则的戏剧化，尤其是刑事审判程序。他写道，刑事审判程序是"表现对被告、对其受害者以及所有可能的刑事诉讼参与者的同等程度的信任和尊重。当被告作为与控诉者平等的人出庭的时候，他作为社会一员的身份就被戏剧性地确认了。不仅如此，社会对正义高于社会地位这一原则的承诺由此也得到了戏剧性地确认。在某种意义上，每一种理性的行为都是其原则的戏剧化；而程序尤其与戏剧和仪式相近。法律程序大可以归之为道德仪式或者正义之仪式"。Fried, *Anatomy of Values: Problems of Personal and Social Choice* (Cambridge, Mass. , 1970)，pp. 129—132。这差不多就是说，仪式是法律的基本要素(或至少是"法律程序"的基本要素)——是法律本身的一部分，而不仅仅是达到法律目标的手段。但这段话还表明，法律的行为(或其他理性的行为)的本体是"它的原则"，而行为不过是(仅仅是?)对后者的戏剧化。本书得出的结论是，原则与行为是一回事：与柏拉图的理念相左，我们主张，所有的法律条文都部分地是仪式，而仪式的意义应该在它自身——在其背景中——而不是它所包含的某种先在观念或原则中发现。

不会每次作出不同的判决。甚至希腊的神谕也被假定反映了隐藏着的一致性。法律不必是永恒的，但它也决不能是专断的，所以，它必须根据对过去所做的事情的重新解释来改变。法律中传统的方面，它的衍续感，既然包含了与超理性和宗教有密切关系的人类时间观念，便不能仅依世俗的和理性的观念来解释。[①]

同样，法律无须像被上帝写在石板上那样展示于众（实际上，很少听到有这类情形）；然而，在当事人陷入争执的时候，他们总是诉诸法律，一若有权威者已经把它编入宪法，或制定法，或先例，或习惯，或文献，或某种其他权威的渊源。在与法律无关的多数政治、经济或社会经验方面（如竞选，产业计划，家庭危机或邻里世仇），人们觉得可以随意提出只考虑效用的行动方案；但是如果提出了法律问题，选择的办法差不多总是根据那些权威者制定的规则和判决来讨论的。自然，解释规则与判决的权力也就是再造这

① 时间本身就是一种宗教范畴，Mircea Elide 在其研究中已揭示了这一点。他指出了古代世界的时间观与犹太—基督教时间观之间的对立，前者植根于讲循环赎救的宗教中间，其时间是反复循环的、非历史的，反之，后者筑基于一种主张末日获救的宗教上面，其时间是渐次演进的、历史的、连绵不断与不可逆转的。参见 Eliade, *Cosmos and History: The Myth of the Eternal Return*, trans. Willard R. Trask (New York, 1959)。Eliade 指出（pp. 31—32）了这样一件“人们如此熟悉以致认为没有必要提出来”的事实：“人类正义建立在人关于‘法’的观念上，因之它从宇宙之根本法则那里获得了神圣性和超验性，不同的宇宙法则（*tao*, *artha*, *rta*, *tsedek*, *themis*，等）决定了不同的正义模式。”在古代世界或传统社会（Eliade 的说法）中，人类法被看作是神圣正义或宇宙正义的复制品，而神圣正义或宇宙正义本身则产生于神妙莫测的时辰，也就是说，产生于原初超时间之一瞬；反之，按照犹太一神教所昭示的，摩西是在一特定地点和特定时间接受律法的（参见 p. 105），而且，律法在尔后的时间历程中还不时得到阐释、补充。在下一章和第 4 章里，我们要讨论基督教的时间观是如何影响了西方人关于法律延续性或者绵延发展的观念。

些规则与判决的权力。尽管如此，我们还是说，法院受制定法的“拘束”；立法机关受宪法的“拘束”；甚至宪法的制订者自己也觉得受“更高的法”的“拘束”。他们制订了宪法，但那并非是凭空任意制订的。

除在法律与宗教不分的文化中，法律的特定仪式、传统和权威通常并不同于宗教的仪式、传统与权威，虽然它们在某种程度上可能有重合之处。它们引起的情感反应也不相同，虽然也会有重迭。法律情感不同于梭伦·克尔恺郭尔（Søren Kierkegaard）和鲁道夫·奥托（Rudolf Otto）归之于“神圣观念”[①]的狂喜或神恩观念，或者焦虑感或对天谴的恐惧。虽然如此，法律情感与宗教情感分享同样的“禀承”观念、同样的尊崇、同样的“必得服从”。在世俗宗教中，禀承和神圣性可能附之于国家，或者法院或政党或人民而非上帝。

如在宗教中一样，法律中也有滥用仪式、传统和权威的可能。这里的主要危险是，用以反映并唤起对最高价值献身意识的各种象征物可能自己成为目的，成为尊崇的对象，而不再是“内在、无形之神恩的明显可见的标志”。在宗教里面，这被称之为巫术和偶像崇拜。在法律中，它被称为程序形式主义——如采用神判或决斗或誓证的审判。十二世纪以后，西方法的全部历史便是摆脱这种形式主义支配（绝不总是成功的）的努力。[②] 世俗主义者和理性主

① 参见 Søren Kierkegaard, *Fear and Trembling*, trans. Robert Payne (Oxford, 1939), Rudolf Otto, *The Idea of the Holy*, trans. John W. Harvey (New York, 1958)。

② 见本书第 2 章。

义者欲通过全面反对情感上对法律价值的献身以及那些反映并唤起这些价值的仪式、传统和权威,而使我们摆脱巫术、偶像崇拜和形式主义。他们要完全倚赖对作为促进社会中个人与团体之有限物质利益的政策的一种有效手段的法律的理性择定,而轻视这样的努力:即把法律看作是生活终极意义的一个必不可少的部分,具有"围绕一切意义领域"之"神妙幽微"(如 R. 尼布尔[Reinhold Niebuhr]所说),①对法律报以虔诚敬畏之情,并在此基础上构筑逻辑和政策。我坚持要说的是,倘若其情感生命力枯竭如此,则法律将不可能幸存于世。法律与宗教一荣俱荣,一损俱损;如果希望法律不衰,我们就不能不重兴使法律具有仪式、传统、权威和普遍性的本质上是宗教的献身激情,正好比我们必须赋予宗教信仰中社会的、因此也是法律的因素以新的生命。

法律与宗教共享的第四种主要信条,是坚信它所包含的概念与洞见的普遍性。这种信仰应该区别于可以完全独立于宗教的自然法理论。事实上,世俗的和理性的自然法理论不但是完全可能的,而且是当代自然法理论采取的最广泛的形式。法律本身所固有的道德,蕴含在固持一般规则的概念之中的正义原则,都可以在不考虑宗教价值或宗教识见的情况下为道德哲学家们所理解。②

---

① Reinhold Niebuhr, "Faith as the Sense of Meaning in Human Existence", *Christianity and Crisis* XXVI (June 13, 1966), 127.

② 最近的例子是 Lon L. Fuller, *The Morality of Law* (2nd., New Haven, Conn., 1963)和 Charles Fried, *An Anatomy of Values*。这两部著作都把这一点视为当然:我们可以仅凭法律在促成其目标(即正义与秩序)的实现方面的成败来判定它的优劣。它们都不是根据法律表达赋予一个社会以其认同感和使命感的那些价值的程度来评判法律。不过,在《法律的道德性》的结尾几页,富勒表示,法律的内在道德本身

人类学家也可以用经验观察来表明，没有一个社会能够容忍群体内部的随意撒谎、偷窃、或者暴力。事实上，摩西十诫中的末后六条，即要求尊敬父母，禁止杀人、通奸、偷窃、作伪证和欺诈等诫条，在所有已知文化中都有某种对应物。实际上，许多自然法理论家把从宗教角度对法律的解释看成是迷信的和危险的。这些理论家能够仅凭推理和观察证明，基本的法律价值和原则合乎人性和社会秩序的要求。契约应该履行；损害应予赔偿；代理人应当善意行事；刑罚不应与罪行不相称。这些以及许多其他原则反映了理性告诉我们道德上是正当的东西，以及实际上所有社会都公认具有法律拘束力的东西。

正是希腊人教给了我们这种思维方法。是他们第一次把宗教变为哲学。柏拉图之后，我们已不需要神祇们来告诉我们什么是德行；我们可以凭借自己的头脑去发现它。所以至少，我们说过

并不能说明一套既定法律得以适用于其中的社会应该是什么样的社会。他简略地讨论了作为法律道德性之先决条件的人际交流和语言。这就意味着，正义依赖于某种外在于它的东西。在他的论文“Two Principles of Human Association”，*Nomos* XI(1969)中，富勒得出结论说，“难道在人类本性里面没有这样一种深沉的渴望，要在人与人之间创造出比依法确立的义务和非义务的联系更为牢固的团结纽带？……与奥威尔在《1984》一书中描写的梦魇般的世界相对应（在那里，老大哥监视着你，务使你正确地信仰、正确地思考），难道就没有一个无人关心你思考什么或信仰什么的同样可怕的世界……？由于我们的基本社会联系中笼罩着僵死的、无生气的法律氛围，我们中不少人不得不去寻求更为丰富的人际关联，他们由此变成了‘时髦派’、‘摇滚派’或‘地狱天使’，变成了满嘴秽词的家伙，难道这不是事实？这些都是没有一个惟一的一劳永逸的答案的困难问题。令我不安的是，在大量的各式各样的情形下，我们每日都在就这些问题提供琐细的回答。无疑，这些琐细回答中的多数是正确的。但是最终，它们可能把我们推向一条我们不喜欢，并且如果我们知道它将带我们何往就不会如此冒失走上的道路”(p. 21)。这段话似乎是说，法律本身所固有的道德性仰赖于我们关于社会的观念，而这种观念是超法律道德的。

(虽然就如克利斯托弗·多森已经表明的那样),希腊哲学的世俗化同时也是理性的神化。今天,我们不再那么相信思想能像哲学家们曾经假定的那样"纯粹"。[①] 我们已经懂得,如若精神想要完全遗世而独立,如果它竟想完全脱离它所观察的实在世界而独立,它就会崩溃,甚至会对它自身也怀疑起来。

在一个更实用的层面上,对道德的纯粹理智的或纯粹哲学的分析所遇到的麻烦是,这种探究本身由于仅仅依靠理性而会阻碍它所倡导的德行的实现。理智获得了满足,但是对采取决定性行动乃是必不可少的情感却被有意地置于一边。因此,所有法律制度都不仅要求我们在理智上承认一社会所倡导的合法美德,而且要求我们以我们的全部生命献身于它们。所以,正是靠了宗教激情,信仰的一跃,我们才使法律的理想与原则具有普遍性。比如,说容忍随意偷窃违反人的天性,说任何一个社会都要谴责和惩罚某种夺取他人财产的行为,这跟说存在着一个偷窃行为势必要触犯的无所不包的道德实体,一个宇宙目的,并不是一回事。而当一个社会失去了说出**后者**的能力——当它把它的财产法和刑法仅仅建立在人性和社会必要性的理性观念之上,而不同时又建立在对普遍价值的宗教献身之上的时候——它就置身于失去保护财产和谴责并惩罚偷窃行为的能力的重大危险之中。

---

① Christopher Dawson, *Religion and Culture* (New York, 1948), pp. 154—155:"在希腊,法律的世俗化就像是哲学的世俗化。如果它们被理性化,理性本身就被神圣化了,而立法者和哲学家绝不会完全丧失其神圣的和先知的特质。"参见 Eric A. Havelock, *Preface to Plato* (Cambridge, Mass., 1953)。

法律的新生

然而，这种强调法律从属于普遍真理的做法，不会有神化现存社会秩序，并因此以另一种方式置我们于偶像崇拜的严重危险之中吗？不论在法律方面可能产生怎样的后果，为了宗教整体性的缘故，宗教的先知性，以及法律与爱、法律与信仰、法律与神恩之间的紧张不是必须得到维护吗？而且，如果法律不仅受人尊崇，而且被神圣化，则其结果对法律来说不也会是灾难性的吗？

这些问题我将在下一章里讨论。不过，其中有个问题必须马上予以讨论，否则，上述一切都会被误解。这里**并不是要**假定，既然法律不能把它的价值传递给生活在城市贫民区、在新的青年文化、在和平运动中以及其他地方的许多人，因此我们就应干脆去利用其仪式、传统以及权威和普遍性的概念，而不去改变根本的社会、经济和政治结构。这里也**没有**暗示，克服我们的整体性危机的途径，在于以各种宗教手段乃至回复到清教伦理来维护旧的法律制度的合法性。

相反，承认法律与宗教之间辩证的相互依赖会把我们引向相反方向——朝着进行根本的社会、经济和政治变革，和就我们所面对的各种严重问题（失业，种族冲突，犯罪，污染，腐败，国际冲突，战争）提出新的法律解决办法的方向。但是，为了找到对付这类问题的新的**法律**解决办法，我们必须让法律重新充满生机——因为照现在这个样子表现出来的法律，失却其神秘性和权威性以及在宇宙宏伟图景中的位置，乃是一枝过于孱弱的芦苇，无法支持我们加于其上的要求。在美国社会的诸多领域，法律改革将难以奏效，因为法律将不能奏效，除非它能找到有效传达其客观性的仪式，除非它能恢复对法律衍续性的意识和对法律约束力的意识，除非它能重新发现它与关于生活目的的普遍真理之间的关联。

让我们举几个实际的例证。刑法作用尽失大概是最显明的例证。我们的报纸和学术著作中充满了关于我们的审前拘留制度、依靠公诉人和被告之间的协议而处理案件的制度以及监狱制度的丑恶和令人屈辱的性质的报道和论述。我们好像又生活在查尔斯·狄更斯的时代。没有逃出这种困境的坦途；但是，对法律之宗教维度的把握能指出一个可供选择的方向。我们需要新的调查形式，新的审理形式和新的监禁形式，它们一方面能把对违法者处理中的人道与同情戏剧化，另一方面会把对其违法行为和产生出这些行为的社会条件的谴责戏剧化。取消通常施予所谓“无受害者犯罪”（酗酒，滥用毒品，卖淫，赌博，同性恋）者的刑事处分（监禁或课以罚金），并因此而节省警察、法院和拘留所的大量时间和精力，这是不够的。专家们鼓吹这种做法，我也认为在很大程度上应该这样做；但这仅仅是解决办法的一半。另一半是要发明一种用以处理从事这类行为（就其反社会而言）的人的案件的新的法律程序，它既适用于刑事法院之内，又适用于其外（如果你愿意的话，也可以叫它作新的礼拜仪式）。这种新程序中包括在案件开审之前、审理期间和审判之后动员社区参与（精神病医生、社会工作者和教士，以及家庭、朋友、邻里和同事的参与）的新办法。像有些人做的那样，谈论法律的“非刑事化”，或者把违法者说成是“病人”，这两种做法都是误导性的。我们必须找到人道地和创造性地审理这类案件和对待这类人，而同时又对他们的行为（而非他们个人）以及构成其行为基础的社会条件表示社会谴责的方法。实际上，这正是我们的宗教传统中的做法；而这种做法确有道理。[①]

另一个例子是关于政治犯罪的。我们需要新的诉讼形式、新的仪式来处理诸如最近的“芝加哥七人案”（Chicago Seven）那类案件，那些案件的被告试图把法庭变成宣明其政治主张的讲坛。[②]某反战团体被控焚毁数百张征兵证的“凯通斯维尔九人案”（Ca-

① “憎恶犯罪但爱罪人”，这是西方宗教传统（不但在基督教而且在犹太教里）的首要原则。不幸，这个原则常常遭到破坏——一方面是被那些因对罪犯抱有同情而削弱了他们对犯罪行为之愤慨的人，另一方面是被那些对犯罪行为的愤慨削弱了他们对犯罪者的同情的人。

认为刑事处分应从许多种所谓无受害者犯罪中去除的主要理由是，由于没有原告，就使得获取足以定罪的证据极为困难，这又转而导致警察为获取证据滥用职权，导致警察的腐败。经常提出的另一种意见是，这里谈论的过错不应适用刑罚，因为它们仅仅是个人的不道德行为。这种意见简单地假定，它们对社会并无损害。原则上说，没有什么行为应该加以惩罚，除非它不但是有错的（非道德的），而且是于社会有害的（反社会的）。关于同性恋道德方面和社会方面的问题，今天的看法有所不同，但是没有人会否认，其他违法行为——酗酒，滥用毒品，卖淫和赌博——应当服从某种公共控制形式，不过后者又不可避免地意味着对破坏这类控制之行为的某种刑事处分。

尽管如此，这里所列举的犯罪类型（我们必须牢牢记住，它们构成今天在美国所有犯罪中的大部分，并且是有组织犯罪和警察腐败的根源）在重要性上不同于“对人的犯罪”（杀人、强奸、殴打等等）和“对财产的犯罪”（盗窃、非法侵占财产、贪污等等）。诸如赌博、卖淫或滥用毒品一类的犯罪通常不含有造成损害的意图，没有道德过错的意识，它们毋宁是对传统社会价值的蔑视。部分因为这个缘故，动员大批的民众而不是法律执行官员来对付这类不端行为就是重要的了。但是迄今为止，除了发挥社会工作者的重要作用（在这方面，美国一直是先驱者，堪为典范）以外，在促成此种社会参与方面没有再做什么。我们将在第 4 章再来讨论这个问题。

② 参见 M. L. Levine, G. C. McNamee, and D. Greenberg, eds., *The Tales of Hoffman* (New York, 1970)，此书简略概述了“芝加哥七人案”，附有 Dwight Macdonald 的导言。

tonsville Nine)提出了关于这类案件的可能的解决办法。法官允许审判按相对非正式的方式进行。包括丹尼尔(Daniel)牧师和菲利普·伯利根(Philip Berrigan)牧师在内的被告,有充分的机会表明其动机,对这种动机,法官与公诉人均表同情。然而被告的非法行为依然受到谴责。[1] 这样,审判的意义便远远超出把罪犯投入监狱这样一件事。所有的审判都应该具有教育意义,而不只是确定罪行。延长诉讼程序总比责令和嘲弄被告或使其缄口要好。被告无罪获释也比法院(依霍姆斯的说法)做不道德的事要好。法院的审判应当帮助人精神净化,而不应在我们的尊严之上再施暴行。它应该把蕴含在法律程序中的价值戏剧化,而不是漫画化。

我们在许多种民事案件中也需要新的诉讼程序。需要有新型的家事法庭来处理家庭破裂问题。在交通事故方面,应由非司法机构确定损害赔偿的金额,以避免由陪审团来确定原告受损程度(包括他蒙受的苦疼和痛苦)这种滑稽可笑之事;但是同时,新的程序也应能在交通事故案件中发现并谴责粗心大意的驾驶行为和我们的汽车制造技术方面的瑕疵。此外,法律不应只图方便;它应当致力于培养所有有关人员——当事人、旁观者和公众——的法律情感。

除司法程序之外,我们还需要在地方政府和中央政府中创设新的程序形式,以便更新关于公共教育、污染、福利、廉价住房、公平就业以及其他诸如此类事务的法律部门。这里,社会本身就能逐渐创造出我们的许多青年曾经合理要求过的新的生活。但是,还需要有新的形式、新的仪式来引导公众以创造性的而非破坏性的方式实行

① 参见 Daniel Berrigan, *The Trial of the Catonsrille Nine* (Boston, 1970)。

参与。许多地方都曾采取的一项重要改革，那就是设立投诉委员(Complaint Commissioner)一职(所谓监察专员 Ombudsman)，此人将根据公众的投诉开展有效的调查并采取行动。另一个，也是更一般性的建议，是建立鼓励公众表达其看法、而不让过于活跃的少数派控制局面的程序，亦即“城镇集会”型程序。

说到底，法律活动中更为广泛的公众参与乃是重新赋予法律以活力的重要途径。除非人们觉得那是**他们的**法律，否则就不会尊重法律。但是，只有在法律通过其仪式与传统、权威与普遍性触发并唤起他们对整个生活的意识、对终极目的和神圣事物的意识的时候，人们才会产生这样的感觉。第一次世界大战结束之际，马克斯·韦伯告诫说，“我们这个时代的命运的特征，便是理性化和理智化以及首先是‘世界的去魅化’。”[①]的确，我们的许多法律部门已因这种去魅化而蒙受损害，却常常没有由理性化或理智化中受益。不过，尽管我们对美国的法律现状极感失望，但由此而认定这个国家没有信仰却是不对的。美国的信仰首先表现在参与本身，即遍及全国的各地社区或群体中人们在以某种方式一道行动。这一方面是清教的教众自治传统的遗产，另一方面是外来移民团

① Max Weber, “Science as a Vocation”, 载 H. H. Gerth and C. Wright Mills, trans. and eds., *From Max Weber: Essays in Socilogy* (New York, 1958), pp. 155—156。韦伯补充说：“在过去，人类规模很大的团体中都弥漫着类似于‘神性气息’的极为微妙的东西，正是它若烙铁把这些团体的成员融为一体。但在今天，我们仅能在最小最亲密的圈子里，在人与人直接无间的接触中才能觅见它的一丝踪迹。这种情况的出现绝非偶然。”虽然他似乎为这个祛除了巫魅的世界感到痛惜，韦伯还是反对知识分子做任何试图改变它的事情，而赞同他们去维护“单纯之知识的完整性”和满足“时代的要求”。最后，希特勒做了韦伯所反对的事情。

体的社会经验和宗教经验的产物。倘若任由美国人的参与传统衰亡，那才是悲剧。即便是在现代城市粗鄙、丑恶的环境里，我们仍有机会通过鼓励大量的、各式各样的人参与法律执行程序，参与新的类司法程序，参与地方和国家行政以及公共生活的许多其他领域，而令公众生活重获韦伯认为已经"退回"到神秘经验或者是亲密的私人关系之中的"终极的和崇高的价值"。[1]

我们已在尽可能宽泛的含义上考查了宗教与法律，即把宗教视为人类对于神圣的意识，把法律视为人类对正义的观念。我们发现，在所有的社会里，虽然是以极不相同的方式，法律都部分地借助于人关于神圣事物的观念，以便使人具有为正义观念而献身的激情。非洲的巴罗特(Barotse)氏族成员中间便是如此，在那里，当法律习惯和调解归于无效的时候，巫术便是终局的解决办法。古代中国也是如此，只是换了一种方式。那里，法律被看做是必要的邪恶，不过，它又辩证地与儒教的礼仪、修养及新儒家的祖先崇拜和皇帝崇拜有密切关系。在苏联，同样存在神圣观念与正义观念的相互依存，那里，法律主张社会主义财产的神圣性，而社会主义末世学——共产主义的到来——是法律制度和法律学说发展中的重要因素。同样的情形也存在于美国，在那里，不仅传统的基督教和犹太教，而且美国生活方式的世俗宗教*都赋予了基本

① 同上页注。

* 这里指的是所谓美国的"公共宗教"(Civil Religion)。美国不少社会学家和宗教学家认为，在广大美国人民中间存在着某种集体的信念、象征和仪式，如对民主和祖国的热爱，这种共同信仰被称为美国的"公共宗教"。参见 R. N. Bella, *Civil Religion in America*。——译注

法律准则和程序以神圣性；实际上，人们很少在其他法律制度中看到对宗教引导和宗教惩戒如此明白的倚重，以及对依据正义的普遍原则而制定的宪法如此巨大的崇敬之情。①

通过强调法律与宗教的相互作用，我们可能逐渐认识到，它们不只是两种相互间有些关联的社会制度，而是人类社会生活中两个辩证地相互依赖的方面——也许是两个主要方面。

单独地看，一个如此宽泛的概念可能会抹杀特定历史情境中法律与宗教之间的紧张。自然，这是人类学方法的危险——它倾向于把文化视为一个完整、和谐的整体。有些论述宗教问题的人类学家实际是把他们正在论述的文化中的一切都当作宗教来看待；同样，有些研究法律的人类学家实际是把他们讨论的文化中的一切都看作是法律。

尽管有这种危险，我相信，我们必须由人类学观察法律和宗教的立场开始，即注意到这样的事实：在所有已知文化当中，都存在着法律价值与宗教价值的相互作用。在某种意义上，一切都是宗

---

① 参见 Robert N. Bellah，"Civil Religion in America"，载 William G. McLaughlin and Robert N. Bellah, eds. *Religion in America* (Boston, 1968)。Bellah 将社会宗教(civil religion，这个词本身是 Rousseau 的)的观念一直追溯到 1787 年美国制宪会议的参与者们。他写道，"由最久远的共和年代"，我们就有了"众多关于圣物的有机整体的信仰、象征和仪式。这个宗教(似乎没有其他更好的说法来表达它)实际上与基督教有许多共同之处，而非与之相对立，但它既不是任何基督教教派，也不是任何意义上的基督教"(p. 10)。"在社会宗教后面，到处都有圣经的原型：出埃及记、上帝选民、福地、新耶路撒冷、自我献身的死亡与再生。但是，它又纯粹是美国的和完全是新的。它有它自己的先知和它自己的殉道者，有它自己的神迹和圣地，也有它自己的庄严的仪式和象征。人们期望着美国成为一个合乎上帝意愿的、尽可能完满的社会，成为照亮所有民族的光"(p. 20)。

教;在某种意义上,一切又都是法律——恰如一切皆为时间和一切都是空间一样。人类随时随地都要面对未知的未来,为此,他需要对超越其自身的真理的信仰,否则,社会将式微,将衰朽,将永劫不返。同样,人类处处、永远面对着社会冲突,为此,他需要法律制度,否则,社会将解体,将分崩离析。生活的这两方面处于紧张之中,然而,若没有另一方,则任何一方都不能够完满。没有信仰的法律将退化成为僵死的法条;这确是美国和西方世界许多地方今天正在发生的事情。而没有法律的信仰(就如我要在本书后面的有关章节证明的*)将蜕变成为狂信。如果要真正了解此时此刻历史对我们提出的要求,我们就必须从这些跨文化的基本真理入手。

* 参见第3章。——译注

2 基督教对西方法律发展的影响

到此为止,我们已经论及宗教与法律的普遍的方面。在任何一个社会,即便是最发达的社会,都存在对超验价值的共同信仰,存在对一个终极目的的共同信奉和关于神圣事物的共同观念;同样,在所有社会,即便是在最原始的社会,也会有实现社会秩序的结构与程序,有分配权利和义务的既定方式和关于正义的共同观念。社会生活的这两方面处于紧张之中:宗教之预言的和神秘的一面与法律之结构性和理性的一面彼此形成挑战。然而,它们又相互渗透。任何一种法律制度都与宗教共享某种要素——仪式,传统,权威和普遍性——人们的法律情感赖此得以培养和外化。否则,法律将退化成为僵死的法条。同样,任何一种宗教内部也都具有法律的要素,没有这些,它就会退化成为私人的狂信。

当然,这只是对我们之共同人性的一个远距离的观察。如果更仔细地看,我们会发现,人类有着多种不同的宗教和许多各不相同的法律,每一种宗教都带有特定信仰团体的印记,每一种法律也都具有特定社会秩序的标记。赋予一个社会的成员对未来的信仰和社会内聚力的,并非某种理想的宗教和理想的法律,而是特定社会宗教与法律的信仰和实践。而特定社会宗教与法律的信仰和实践又总是与这个社会独特的经验、独特的历史紧密联系在一起的。

这样，当我们由宗教与法律相互关系的普遍方面转至特定宗教与特定法律制度相互关系的时候，我们也就不可避免地由对人性的研究转向对历史的考察——也就是说，转向对人性在社会经验中实现的研究。哲学家提出一些永恒的问题：何为宗教？何为法律？但是除非我们把这类问题变得有限和具体，它们是无法回答的。圣奥古斯丁不问“人性者何？”，而问“主呵，我是什么？我的本质为何？”[①]同样，社会科学家必须问：我们是谁？我们如何来到世界？什么样的经验塑造了我们的特性？我们正去向何方？我们面临怎样的抉择？因为，“社会”中“人”的“本性”只能在诸如宗教和法律这类记忆中的社会经验的活生生的积淀物中才能被发现，而这些到处都有的积淀物并非寄身于无形，而是存在于我们生活于其中的社会历史之中。正是在这个意义上，渥提加(Ortega)所言不谬：人并无本性，他只有历史。[②]

回顾我们自身的[西方的]历史，法律的宗教性首先表现为基督教会在其发展的各个阶段(在最近两百年里，更多地由基督教派生出来的世俗宗教)为使法律制度适应于人类需要所做的一系列艰苦卓绝的努力。这段史活的基本主题便是耶稣热烈的呼喊，“安息日为人而订，并非人为安息日而生！”不过，相反的倾向也不能视而不见：人的需要变成了宗教制度本身，而本来是为满足人的需要而制定的新的法律制度却成为君临人之上的某种权威。于是，斗

① 见 Martin Buber, *Between Man and Man*, trans. R. G. Smith (Boston, 1955), p. 128。

② José Ortega y Gasset, *Toward a Philosophy of History* (New York, 1941), p. 217.

争须重新开始。而对往昔胜利的回忆又为我们可能接近我们的目标带来希望；在此回忆与希望的后面乃是这样的信念：历史的过程本身(既包括宗教史，也包括法律史)即是某种人类得救的伟大计划中的一部分。不管怎样，这便是从犹太教那里传承而来、并在最近几百年传与包括民主主义宗教和社会主义宗教在内的许多已经支配了我们的世俗宗教的基督教正史。[①]

历史上的基督教法学

对犹太教来说，人类历史最核心之所在，便是犹太民族以及维系犹太民族与上帝，和犹太人彼此间联系的犹太律法的历史；而在基督教看来，圣保罗以来的教会，虽然被认为是犹太民族历史的延续，却意在包容所有其他民族，这些民族各有其法律。因此，作为一个宗教团体的教会本身，其内部要有一种新的法律来指导它与上帝的关系，以及基督徒相互间的关系；在世俗法方面，也要有新

① 二十世纪后半叶，对社会主义的信仰，就像对民主主义的信仰一样，显然已经失去了一些宗教热诚，因为其对启示使命的意识业已淡漠。尽管这样，社会主义还是保留了“主义”。下面这个由美国苏联教育观察者讲述的故事，说明了不仅是苏联的，而且是中国的信仰问题是怎么回事。“一位亚洲大使(驻莫斯科)四岁的女儿上了俄国的幼儿园。一天，她回到家中，全神贯注地注视着起居室角落里一尊小小的佛像。‘佛是怎么回事？’她问她的母亲。‘佛并不就是神’，她母亲回答说，‘虽然他有点像你的外国小朋友所说的上帝。我们把他看成是绝顶智慧的老师，是告诉我们怎样生活的人。’孩子回答说，‘可是列宁是我们唯一的上帝’。这个转换表明了苏联对幼童的爱国主义宣传与在美国类似作法之间的重大差别。美国儿童被教导要敬仰历史人物如乔治·华盛顿和亚伯拉罕·林肯。苏联的孩子被期待着热爱列宁。在最为真实的意义上，在苏联幼儿园里，儿童们所受的爱国训练可以与其他国家的宗教教育相比”。Susan Jacoby,“Who Raises Russiás Children?”*The Saturday Review*, August 21, 1971, p. 53。

的态度和新的政策。单个的基督徒在其世俗活动中要服从世俗法,教会作为整体在它与“俗世”的关系方面也要受世俗法的支配。

教会发展初期,关于世俗法律——罗马帝国的法律——最显明的事实就在于,它根本禁止基督教崇拜。教会是非法的:为了生存下去,它不得不转入地下(真实意义上的地下)进入墓穴。由这一特殊的历史经验,产生了基督教法学的第一条原则,即公民不服从原则:与基督教信仰冲突的法律在良心上没有拘束力。这种情形在犹太历史上也可以见到,比如,抵制巴力神*崇拜,但以理不服从大流士王的故事,**拒绝在犹太教堂里放置罗马皇帝的塑像,等等。不过,这两种情形是有差别的。作为罗马公民,不顺从的基督徒是在抵制自己民族的法律。这个事实后来变得格外重要,那时,基督教会成为政治组织的一部分,而单个基督徒所面对的违背良心的法律是由他们自己的基督教统治者而非异教徒制定的——这类法律经常是奉教会之名提出的。人们不会忘记,基督(新)教时代是以主张反抗与上帝意志相悖之法律的道德权利——实际也是义务——开始的。这种现在为诸如马丁·路德·金和伯利根(Berrigan)兄弟这样的人所重申的权利和义务,乃是我们关于言论自由的宪法条款的根据之一。[①]

由于罗马皇帝们在公元四世纪时皈依了基督教,教会开始在

* 所罗门王和耶罗波安统治时期,外来宗教传入以色列王国,以致当时整个以色列盛行对腓尼基的巴力神的崇拜,这种异教偶像崇拜遭到了以以利亚为首的先知们的抵制和反对。——译注

** 事见《旧约·但以理书》。——译注

① 见本书第57页注①,并所附原文。

权力结构中发挥作用。这时,它面临法律与宗教关系中全然不同的问题,那就是,罗马皇帝对基督教信仰的接受是否对他扮演立法者的角色有积极影响。历史的回答是,拜占庭的基督教皇帝把修订法律以使,用他们的话说,“人性升华”①看作是他们作为基督徒

① 见 Ecloga(一部约公元 740 年由拜占庭皇帝们颁布的法律集)的序言。Edwin H. Freshfield, *A Manual of Roman Law*, *the Ecloga* (Cambridge, Mass.,1926)。序言开篇写道:“由列奥和君士坦丁,聪慧与虔敬的皇帝,编定的这部简明法律集,采自伟大的查士丁尼的《法学阶梯》,《学说汇纂》,《查士丁尼法典》和《新律》,且修订之以合于更崇高的人性,于第九财政年度,创世 6234 年 3 月颁示天下。”它接着写道:“借圣父、圣子、圣灵之名,罗马人虔诚的皇帝,列奥和君士坦丁学说如下。

“我们的上帝,万物之主和创造者,创造了人类,并赋予他得享自由意志的殊荣,借先知之口授法律以助他,借此令他知晓他应做和不应做的一切,以便他能够选择获得拯救之善,避开招致惩罚之恶。

“我们竭诚告诫所有被委派去执掌法律的人,命令他们弃绝一切人类的激情,借着健全的理解力宣示真正正义的判决,既不藐视贫穷者,也不允许有权势的罪人逍遥法外,亦不虽表面上在职业中尊奉正义与衡平,而实际上择取不义和满足贪欲。但是如果有两人在他们面前争讼,一个人已成为富翁,另一个则一贫如洗,就要在他们中间主持公道,拿走富人由穷人那里不义夺去的财产。因为有这样一些人,他们不珍爱他们心中的真理与正义,却为财富所败坏,只想假公济私,图报私仇,汲汲于功名利禄,却不能够主持公义,他们的所为正应了诗篇之所言,‘世人哪,你们默然不语,真合公义吗?施行审判,岂按正直吗?不然,你们是心中作恶,你们在地上称出你们手所行的强暴’。[《诗篇》58:1—2]

“让那些为我们虔敬的陛下指派去审判案件和裁决纷争的人,那些被托付以我们尊严之法律的精确天平的人思考这些事情,让他们深思再三。我们的主,耶稣基督有言,‘不可按外貌断定是非,总要按公平断定是非’。[《约翰福音》7:24]判决而不考虑任何回报。因为,圣经里写着,‘祸灾!那些因受贿赂为不义裁判的人,他们不行谦恭的事,却将义人的义夺去;他们的根必像朽物,他们的花必像灰尘飞腾,因为他们想不去行耶和华的训诲’。[原文为《阿摩司书》2:6.7,但与原文不符,这里根据《以赛亚书》5:23—24 重译。——译注]

“因为礼品与馈赠蒙蔽了智者的眼。所以,切望着消除这种可耻的收益,我们已发布命令,由我们虔敬国库中向最杰出的会计官、裁判官和受命职司法律的主要官员提供优厚的俸禄,俾使他们不再收受受其审判的无论什么人的馈赠,以使先知之所言不会在我们中间应验:‘他们为金钱而出卖公义’,[《以赛亚书》5:23]我们亦不致因违背了上帝的诫命而蒙受其愤怒。”

的职责。由于基督教的影响，古典时期以后的罗马法改革了家庭法，给予妻子在法律上更大的平等，把配偶双方的合意规定为婚姻有效的要件，使离婚变得更为困难（这在当时是妇女解放的措施！），以及，取消父亲对其子女生杀予夺的权力；这一时期的法律还重修了奴隶制法，给予奴隶在其主人滥用权力时向裁判官申诉的权利，和甚至在受到其主人残酷对待时要求自由的权利，法律还扩大了奴隶解放的方式，允许奴隶因与自由人有血族关系而取得种种权利；将衡平的概念广泛引入法定权利与义务之中，因此使一般法规的严苛得以缓和。在六、七、八几个世纪里，查士丁尼及其后继者编订了庞大的法律汇编，这种做法也部分是因为受到这样一种信念的鼓舞：基督教要求将法律系统化，这是它体现博爱的必由之路。当然，上述各种改革不只是因基督教而起，但是基督教确曾给予这些改革以重要推动，并提供主要的意识形态的正当性。就像公民不服从一样，令“人性升华”的法律改革一直是源于教会早期经验的基督教法学的一项基本原则。

与那些继承了异教罗马的伟大法律传统的拜占庭皇帝们不同，大约同一时期（从公元五世纪到十世纪）的日耳曼人、斯拉夫人和欧洲其他民族的统治者，则采用主要由原始部族习惯和血亲复仇规则构成的法律制度。皈依基督教以后，许多主要部落民族的统治者，从盎格鲁-撒克逊的英格兰到基辅罗斯，都颁布了成文的部族法律汇编，并且进行了各种改革，特别是在有关家庭法、奴隶制、对穷人和受压迫者的保护，以及教会财产和教士权利等方面，这不是偶然的。[①]《阿尔弗雷德法典》(*The Laws of Alfred*,约公元 890 年)开篇就援引了"十诫"和摘自摩西律法的条文;而且,在重申和修订本地盎格鲁-撒克逊法律时,阿尔弗雷德写进了这样一些伟大的原则:"Doom[即法官]严守公正;不偏袒富人,亦不袒护穷人;不以亲疏、敌友为断。"

这些国家中的教会当时虽从属于皇帝、国王和男爵们,却试图通过建立控制血亲复仇的规则来限制暴力;在十世纪和十一世纪,其分支遍布全欧的克朗尼(Cluny)大修道院甚至多少是成功地确立了所谓"上帝之和平"与"上帝之休战",前者不但使教士,而且使农民免于从军,后者则禁止在周末交战。[②] 这样一种宗教对法律的影响至今犹存。

然而,虽有信仰基督教的国王和皇帝们的种种改革和创新,十二世纪以前西方流行的法律依然是血亲复仇法,决斗裁判法,水、火裁判法以及宣誓断讼法。无论王室还是教会,都没有专业法官、职业律师和法律书籍。习惯统治一切:部族习惯、地方习惯和封建习惯。在国王的宫廷和在修道院,尚有几许"文明"存在,但是若无制度化的法律,要把文明由各个中心传播于四方则极为困难。试

---

① 例子包括法兰克国王克拉维斯的撒利克法(约公元 511 年),盎格鲁-撒克逊国王艾塞尔伯特的法律(约公元 600 年),以及基辅国王亚罗斯拉夫的**罗斯真理**(约公元 1030 年)。

② 上帝之和平(*pax Dei*,亦称 *pax ecclesiae*,教会之和平),肇始于 990 年的法兰西宗教会议,它也禁绝不利于教会财产的私人战争。执行权因被授予主教或其领地上发生有侵害事由的伯爵,因此不易奏效。上帝之休战(*treuga Dei*)源于 1027 年的宗教会议。这种方式更成功些,尤其是在十二世纪,其时,战争(原则上)在差不多一年的四分之三时间里都是非法的。

举一例:教会教导人们,婚姻乃圣事,不能没有配偶的同意,然而由于缺乏有效的法律制度,对于到处盛行的童婚,教会也无可奈何。而且不仅文明的价值在此恶劣环境中无以立足,就是教会本身也无法逃脱同样环境的支配:有利可图和有影响的教职被封建领主们买卖,他们还任命自己的兄弟和亲友担任主教和教士。

十一世纪末十二世纪初,西方世界发生了一场伟大的革命,从中产生出一个有形的、团体的和等级制的教会,一个独立于皇帝、国王和封建领土,只服从罗马主教绝对专制权威的法律实体。这便是罗马教皇体制革命,其巨大重要性对于无论是教会的还是世俗的中世纪历史学家都正变得日益显明。[①] 从这场革命中产生出了一种适用于教会的新的法律,也产生出各种适用于各个世俗王国的新型法律。

① 关于教皇格列高利七世支持的伟大改革乃是欧洲历史上第一次伟大革命的观点最早由 Eugen Rosenstock-Huessy 在 *Die Europaeischen Revolutionen* (Jena, 1931)中提出。又见 Eugen Rosenstock-Huessy, *Out of Revolution: The Autobiography of Western Man* (New York, 1938),以及 *The Driving Power of Western Civilization: The Christian Revolution of the Middle Ages* (Boston, 1949)。虽然格列高利依然被一些历史学家认为是传统主义者,甚至是个反动派,但实际上,现在没有人否认,罗马天主教会采取其近代法制形式,正是在他那个时代。参见 Schafer Williams, ed., *The Gregorian Epoch: Reformation, Revolution, Reaction?* (Boston, 1964); Brian Tierney, *The Crisis of Church & State* 1050—1300 (Englewood Cliffs, N. J., 1964)。随着开始于教皇约翰二十三世治下的当代教会改革运动,日益增多的拥护彻底变革的罗马天主教者(如德国的汉斯·昆,加拿大的莱斯利·迪沃特和格列高利·鲍姆以及其他人),宁可把教会史上一个新时代缔造者的美誉给予教皇格列高利七世。不过在他们看来,这个时代正面临厄运,行将告终。参见 Küng, *The Church* (New York, 1967), pp. 10, 384,445, 该书写道,作为"来自天国"之无上权威的教会的观念,源于格列高利七世,同是那个时代,僧侣们(spirituales)被组织在法律团体中,与俗人(carnales)相分离。Küng 说道,自格列高利的改革之后,教会"被严格地按照法律方式,并且根据君主制的普遍主教管区制组织起来"。

此前，灵界与俗界的关系一直是一种不同权威相互重叠的关系，皇帝和国王们（如查理大帝和征服者威廉）召集教会商讨和颁布新的神学信条和教会法律，而教皇、大主教、主教和教士们的任职系由皇帝、国王和领主们授予。但在1075年，教皇格列高利七世宣布教会在政治上和法律上完全独立，同时还宣布他本人对于西方基督教王国所有教士享有最高政治权威和法律权威。[①] 在教皇的主张最终得以确立之前（虽然有些实质性的妥协），教皇党与

Yres Congar，O. P.，在一篇题为"The Historical Development of Authority in the Church：Points for Christian Reflecfion"，载 John M. Todd，ed.，*Problems of Authority：An Anglo-French Symposium*（London and Baltimore，1962，pp. 119—155，）的富有启发性的论文里写道，"从一般教会学说，特别是权威的观点来看，圣列奥九世（1049—1054）所发动，又为圣格列高利七世以如此魄力继续下来的改革，标志着决定性的转折点。"Congar 指出，寻找支持格列高利地位的法律文本的做法标志着教会法律学的开端，格列高利此举的秘诀，在于把绝对正义或神圣法转变成一套新的教会法体系，其核心是教皇的法律权威。"人们在服从上帝之代理人的时候实际就是在服从上帝"。（p. 139）教会一词所指的"与其说是信仰团体，不如说是一种制度，一种机构"。（p. 140）十一世纪后期以降，Congar 写道，教会权威，尤其是教皇的至上权威，渐渐根据借自世俗语汇的法律术语来阐说。比如，教廷一词正是那时被第一次使用的——也就是说，教皇的宫廷第一次被设想为法院，有权主动审核各主教法院所作的判决。

① 格列高利七世1075年的 *Dictatus papae*（教皇教令）的原文收在下面两种文献中：Ernest F. Henderson，*Select Historical Documents of the Middle Ages*（New York，1968），pp. 366—367，和 Frederic A. Ogg，*A Source Book of Medieval History*（New York，1972），pp. 262—264。它反映了教皇要求君临于教会和世俗世界这两者之上的主张。有关世俗事务的一些主张不得不放弃了，但教会内部教皇的独断专行一直延续到今天。教会中最重要的规定如下：

"唯有罗马主教……拥有罢黜主教们和重新起用他们的权力……他有权废黜皇帝们……如有必要，他可以将主教们调离一处，使管理另一教区……他有权任命他所希望的任何一个教堂的执事……无人得审判他……没有人敢谴责求助于教皇眷顾的人……所有教会较重要的案件皆应提交教皇处断……罗马教会不但过去不会有错，而且据《圣经》所证，任何时候都不会有错，直至永远……未与罗马教会保持一致的人不能认为是天主教徒……他[教皇]有权解除不义统治者之臣民的忠诚誓言。"

皇帝党进行了四十五年的授职权之战，而且在英格兰，为此牺牲了大主教托马斯·白克特(Thomas Becket)。

此刻，有形的、等级制的和团体的罗马天主教会需要一套系统化的法律，而在十二和十三世纪，这一系统化的法律产生了——先是出现在意大利僧侣格雷丁大约1140年写成的伟大论著里，八十年后，在一系列精通法律的教皇颁布了数以百计新的法律之后，见之于教皇格列高利九世1234年的《教令集》。迄1917年为止，这个《教令集》一直是罗马教会的基本法。

自然，早在格雷丁以前就已存在各种教规，不过，那只是各种杂乱而分散的决议、教令、训诫等等，且多半具有神学性质，它们由不同的教会会议和单个的主教们宣布，偶尔也被按照编年顺序汇编成册。教会法庭也有其传统的程序。尽管如此，当时尚没有像十二和十三世纪教会法学家编纂的那种系统的教会法、刑法、家庭法、继承法、财产法或契约法。中世纪晚期的教会法(只是在八个世纪以后的今天，它才受到一些著名罗马天主教徒的非难)[①]乃是西方最早的现代法律制度，它通行于欧洲各国，事实上支配着教会内教士和僧侣生活的各个方面，以及俗人生活的大多数领域。在家庭法、遗产和各类精神犯罪方面，新的等级制的教会法院对俗人有排他性的管辖权。此外，在契约(只要当事人做了“信誓担保”)、财产(只要涉及教会财产——而当时教会所有地产占全欧土地的

① 围绕修订教会法法典的建议，已有大量讨论，这部法典于1917年取代了教皇格列高利九世的教令集。第二次梵蒂冈宗教会议建议彻底重订法典，并成立了一个委员会作修订的准备工作。法典修订的讨论包括这样的意见，法律应当从教会生活中全部摈除。见本书第70页注①。

四分之一到三分之一)和许多其他事务方面,它与世俗法院有共同的管辖权。

不过,当时通行的并非只有教会法。与之并行,也出现了各类世俗法,也正是在十二、十三世纪,这些法律开始被理性化和系统化。大约在1100年,在西方被遗忘了五个世纪之久的查士丁尼的罗马法被重新发现。这一重新发现大大推进了教会法的发展,但也为抵制教皇新主张的世俗君主们所利用。于是,在与教会法竞胜的过程中,皇帝、国王和大领主们创造出各式各样的世俗法来,而最终,在那些十二、十三世纪出现于欧洲的城市和市镇里,以及在从事大型国际贸易的商人当中,也出现了各种世俗法律。教会法的成功促使世俗权威建立它们自己的专职法院,出版专业法律文献,改造部族的、地方的和封建的习惯,建立它们自己的与教会法竞胜的法律制度,以调整封建财产关系、暴力犯罪、商业交易和许多其他事务。

所以说,最先让西方人懂得现代法律制度是怎么回事的,正是教会。教会还率先告诉人们,相互矛盾的习惯、法令、判例和学说可以通过分析与综合来调合。这就是阿贝拉*著名的将《圣经》互相矛盾的文本加以排列的 *Sic et Non*(是与否)的方法——也是反映在格雷丁《矛盾教规的协调》一书标题中的那种方法。借助于这种方法,教会在重开对陈旧的罗马法研究的时候,通过把罗马法中繁复的范畴和分类变为抽象的法律概念,改造了罗马法。这些技

---

* 阿贝拉(Abelard),法国中世纪著名的经院哲学家,主张“先理解后信仰”,视理智为信仰的根据。——译注

巧都出自十二世纪的神学家、哲学家和法学家所理解的那种“**理性原则**”。

教会还倡导“**良心原则**”(这是指人共享的良心,而非近代个人主义意义上的良心):法律不仅可以在学究式的推理中发现,而且可以在立法者或法官心中求得。最早阐明审判中“良心原则”的是一本十一世纪的小册子,它主张,法官在审判被告之前必须先审判他自己。换言之,他必须自己充作被告,因为这样(据说)他就会比罪犯本人知道更多关于罪行的情况。[①] “为使法官的良心知晓”,教会法院以及后来的世俗法院(如英国的衡平法院)创造出一种新的抗辩和程序技巧。诉讼中的形式主义遭到非难。(1215 年的第四次拉特兰宗教会议禁止教士参与决斗裁判的仪式,从而在整个

① 被错误归于圣奥古斯丁的这段话出自十世纪和十一世纪的忏悔书,这些忏悔书是格雷丁在十二世纪建立的近代教会法制度的主要先导。其内容如下:“审判他人者……审判他自己。让他因此认识自我,并在他所见之干犯他人的罪孽中洗涤他自己。**让无罪者先拿石头打她**。(《约翰福音》8:7)……因为就所有人都犯有罪是自明之理这一点而言,没有人清白无罪。因为,可以原宥的罪过将总是[只能]因神圣仪式而减轻。因此,倘若被告所犯的罪原是可宽恕的罪,那么判其有罪的法官即犯有罪……让宗教法官小心,莫要疏于学问,腹中空空,以便因是不犯不义的罪。他应懂得如何辨别他要审判的事物,这是相称的。因为审判的权力就建立在他能辨识他将要决断的事物这一假定上面。因此,勤勉的审讯者,敏感的调查人,就罪犯或许不知道,或由于羞耻而意欲遮掩之事,聪明且近乎狡黠地提出讯问……我们将此写予你,献身于真理者,追求确定性者,要辨清真诚的悔过,要由饰伪中辨识真相……。”“De Vera et Falsa Poenitentia”, c. XX. Migne, *Palrologia Latina*, XL(1129—1130[pseudo-Augustinian, *circa* 1050])。

由格雷丁收入其《矛盾教规之协调》中的这段话表明了一种古典的罗马法和先前之教会法都不曾有过的观念。它标志着由礼拜仪式和圣礼思想向法理学的转变。参见 Rudolph Sohm, *Das altkatholische Kirchenrecht und das Dekret Gratians* (Leipzig, 1918)。

欧洲有效地取消了这种裁判方式。)为实现“良心原则”而创制了各种新制度,其中包括延请职业律师进行法律代理的权利,和由法官根据精心制定的规则进行讯问的程序。既然根据良知,所有当事人都是平等的,良心遂与法律中的衡平观念结合;衡平法便由此而生——它保护贫困无援之人,反对富豪和权势之家,执行信托与信任关系,提供诸如禁令一类所谓人身救济。* 如前所述,衡平法一直是古典时期以后的罗马法的一部分,但现在,它第一次被系统化了,并有特别程序使之便于适用。

就这样,教会试图使道德法律化,同时令法律道德化;它对各种罪孽实施法定管辖权,而且影响世俗法律,使与道德原则相一致。恰似在古代以色列,法律与道德的差异降到最小。一方面,法律程序与法律制裁强化了善恶是非标准;在另一方面,法律准则被赋予了一种它们以前极少能企望的神圣正义性。例如,为使教士们置身于蛮族和封建政治之外,十一世纪的教会法规定所有教士一律保持独身,而由于这项法律被罩上了神圣光环,以至于当其存在已无必要时它还延续了很长一段时间。关于异教的法律是不幸将不道德与非法混为一谈的另一个例子。把不服从教会权威者开除教籍是一种法律处分,但它可以使一个人在道德上陷于绝境,无存身之地。

---

* 在英国法中,救济(remedy)指法律对当事人提供的保护或补救。禁令乃是衡平法所特有的和主要救济手段之一。禁令发给当事人,令其不得为某种正在或者可能损害另一方当事人利益的行为。这种直接加诸行为人的救济手段正源自“良心原则”。由此形成衡平法之格言:“衡平法对人执行”,文中所谓“人身救济”亦是指此。——译注

不过在这方面，中古基督教与古代以色列之间尚有重大差异：中世纪的基督教世界，存在着教会与国家管辖权上的冲突，一国之内并存着彼此竞胜的不同法律制度，教会之下则并存着相互竞胜的不同国家。一个有形的、等级制的和团体的教会可赋予其法律以神圣性，但这种神圣性却受到这样一种事实的挑战：基督教世界中的臣民不仅生活在教会法下面，而且也受制于若干世俗的法律制度——王室法、封建法、地方法、商法以及其他法律。每一种世俗的法律制度也都主张其神圣性；这种神圣性也同样受到挑战，挑战来自其他世俗的法律制度，也来自教会法。虽然宗教改革之后有民族主义和实证主义的侵蚀，法律制度这种多元性始终是西方法的基本特征。今天，在包括美国在内的所有西方国家里，每一个人都生活在不止一种法制之下。我们不但有国内法，而且有国际法；我们可以援引国际上的合法惯例，引用国际条约、公约乃至联合国声明，来对国内当局的法令提出质疑。而且在美国，我们既有州法又有联邦法，我们可以不用这种而用另一种法律来保护自己；我们既有一般制定法又有宪法，并且可以援用“正当程序”和“同等保护”的条款去抵制立法者的意志；我们既有严格法又有衡平法，既适用严格的法律规则，又可以在特殊情况下偏离规则而作自由裁量。多种法律制度并存于同一政治组织中，这就为法律至上的观念提供了一种合法依据；政治权力总是服从于法律要求，除非统治者一手遮天，竟能够控制**所有**现行的法律制度。

中古的教会还坚持**法律生长的原则**——法律学说和法律制度要被自觉地建立在以往权威的基础上，同时又要被自觉用来适应现在和将来的需要。教会法学家在查士丁尼、《圣经》、教会教父、亚里士多德和日耳曼习惯的基础上仔细制定出新的规则;他们对权威的原始文献恭敬有加,但还是为之作注,然后对注释再加注释。有机生长的概念有助于调合静止性与变易性。正好比宏伟的哥特式大教堂历数百年而建成,集资累以千年,伟大的法律文献被人再三读解,反复阐释,既考虑过去,又着眼未来。它们也确实保存下来:现在正在罗马天主教会中进行的改革,就部分是在十二、十三世纪法律基础之上重建教会法的努力。然而更重要的,乃是教会法——教会的婚姻法、继承法、侵权行为法、刑法、契约法、财产法、衡平法、诉讼法——已进入到西方世俗法律制度之中,就如同生长原则本身已进入其中一样,结果在事实上产生了西方法的通用语言,一种能够有机发展的西方法律传统。

路德的宗教改革通过使教会失去法律效能,打破了主张两种官方等级制度、两种正式的法律制度——教会的和世俗当局的法律制度——的中世纪的二元论。路德教立足之地,教会就被视为一种无形的、非政治的、不具法律效能的组织;唯一的主权,唯一的法律(政治意义上),便是世俗王国或者公国的主权和法律。实际上就在此之前,马基雅维利发明了“国家”一词,用以指纯为世俗的政治秩序。在某种意义上,新教改革者们都是马基雅维利党人。因为他们对人创造可以反映永恒法之人类法的力量表示怀疑,而且他们绝不认为,发展人类法是这样一个教会的使命。此种新教的怀疑主义使法律实证主义的出现成为可能,这种法学理论把国家的法律看成是道德上中立的东西,视之为工具而非目的,是表明主权者政策并保证它被遵行的手段。不过,法律的世俗化和法律实证主义的出现,只是新教改革贡献于西方法律传统的一个方面。

另一方面也同样重要：由于把法从神学教条和教会的直接影响下解放出来，宗教改革遂使西方法得以经历一种崭新的和辉煌的发展。用伟大的日耳曼法学家和历史学家鲁道夫·梭姆(Rudolf Sohm)的话说，“路德的宗教改革不但更新了信仰，而且重塑了世界：既是精神生活的世界，也是法律的世界”。[①]

十六世纪以后，西方法获得新生的关键，在于这样一种新教观念：凭借上帝的恩宠，个人具有通过运用其意志来改变自然和创造新的社会关系的能力。新教这种个人意志观念成为近代财产法和契约法发展的核心。自然成为财产。经济关系变为契约。良心成了意志和意图。在早期天主教传统中，临终遗嘱一直是人通过慈善性赠与以拯救灵魂的手段，现在却变成一种支配社会关系和经济关系的手段。通过明白地表达自己的意志、意图，立遗嘱人可以处分其死后财产，企业家则可以契约形式安排其商业关系。只要不与良心相违，因此而产生的财产权和契约权就被看成是神圣不可侵犯的。良心赋予它们以神圣性。这样，国家的世俗化(就使之摆脱教会控制的严格意义而言)便伴之以财产和契约的超俗化乃至神圣化。

所以，关于新教教义对于十六世纪盛行于欧洲的绝对君权未加限制的说法并非事实。实在法的发展最终只能依靠君主，这固然是新教的信念，但是它还假定，君主在运用其意志的时候，须尊重其臣民个人的良心，也就是说，要尊重他们的财产权和契约权。这一假定建立在(当然是不稳定地)教会成功地将法律大大基督教

① Rudolf Sohm, *Weltliches und geistliches Recht* (Munich and Leipzig, 1914), p. 69.

化(相对于日耳曼各民族最初之文化生活水准而言)的四百年历史上面。所以,尽管新教的实证主义把法律与道德分离开来,否认教会有立法职能,并且在政治强力中间寻求法的最后保障,它还是假定,在一个由基督教统治者治理的国家和人民当中,存在一种基督徒的良知。

至此,我们谈了主要表现在路德教中的新教教义。新教后来的一种形式,即加尔文教,也曾对西方法,尤其是美国法的发展产生至深影响。清教徒们发展了路德关于个人良知神圣的观念,在法律方面,则发挥了他关于反映于财产权和契约权中的个人意志神圣的思想。但是他们还添加了两个新的因素:首先,坚信基督徒负有改造世界的义务——事实上,"改造世界"乃是清教特有的口号;[①]其次,相信在选举出来的牧师和长老们领导下的地方会众乃是真理之所在——"积极信徒们的团体"高于任何政治权威。[②] 一心要改造世界的积极的清教徒,准备为坚持其信仰而抵制教会和

① 参见 Gerrard Winstanley, *Platform of the Law of Freedom*:"创造的真精神就是改造世界"。引自 Rosenstock-Huessy, *Out of Revolution* p. 201。又见 Thomas Case 1641 年对下议院所做之布道:"改革必定遍及一切。改革所有地区,一切人等和全部行业;改革法院,下级治安法官……改革大学,改革城市,改革乡村,改革质量低劣的学校,改革安息日,改革习俗,改革对上帝的崇拜。所有我的天父不曾种下的枝苗都应被连根拔除。"引自 Michael Walzer, *The Revolution of the Saints: A Study in the Origins of Radical Politics* (Cambridge, Mass., 1965), pp. 10—11。十六世纪的宗教改革被认为是教会的改革;一个世纪以后,清教则是在寻求——用弥尔顿的话说——"对改革本身的改革",正如 Walzer 指出的,它意味着急进的政治活动,亦即作为宗教目标的政治进步。(p. 12)

② 参见 A. D. Lindsay, *The Modern Democratic State* (New York, 1962), pp. 117—118; David Little, *Religion, Order, and Law: A Study in Pre-Revolutionary England* (New York, 1969), p. 230。

国家的最高权力，这样做是基于个人良知的理由，也是基于神法、《旧约》里的摩西律法，以及蕴含在中世纪法律传统中的自然法观念。正如早期基督教殉道者们以其不服从罗马法的举措建立了教会，十七世纪的清教徒，包括汉普顿（Hampden），李尔本（Lilburne），乌朵（Udall），威廉·潘恩（William Penn）和其他一些人，也以对英国法的公然抗命奠定了英国法和美国法中民权和自由权的基础。这些公民权利和公民自由赫然写在我们所尊崇的宪法里面：言论和出版自由、宗教信仰自由、反对自证其罪的权利、陪审团不受法院控制的独立地位、未经审判不受监禁的权利，以及许多其他类似的权利和自由。[①] 我们还要提到加尔文派信徒的教众自治主义，它为我们关于社会契约的观念和根据被统治者同意来统治的观念提供了宗教依据。[②]

① 文中提到的每一个人都被指为公民不服从。每一个人都依据更高的良心法律和源自中古英格兰法律的基本法律原则（如大宪章）来为自己辩护。对 Penn 和 Hampden 的审判在 6 *State Trials* 951 (1670)和 3 *State Trials* 1 (1627)（五骑士案）中有记载。对 Udall 审判的摘要，连同其背景资料，可以在 Daniel Neal, *The History of the Puritans* (Newburyport, Mass., 1816), pp. 492—501 中见到。对 Lilburne 的审判在 Joseph Frank, *The Levellers: A History of the Writings of Three 17th Century Social Democrats: John Lilburne, Richard Overton, and William Walwyn* (Cambridge, 1965), pp. 16—18 中有所讨论。

② 这一点通常被忽略了；社会契约论一般被追溯到十七世纪的哲学家，如约翰·洛克和托马斯·霍布斯。但在一个世纪以前，加尔文就要求全体日内瓦人民接受信仰声明，并发誓遵守十诫和对城市效忠。警察把人们一群群集合起来，要他们参与盟约。参见 J. T. McNeill, *The History and Character of Calvinism* (New York, 1957), p. 142。

世俗宗教的法学

英国和美国的清教，以及它们在欧洲大陆的同伴虔信派，无论从哪一种根本意义来说，都是制度化的教会影响西方法发展的最后那些宏大运动。当然，十八和十九世纪，罗马天主教会和新教各派在不同方面继续保有对法律的影响。毫无疑问，神意基督教本身继续对法律改革发生极为重要的影响——比如，在取消奴隶制、保护劳工，以及一般地促进福利立法等方面。然而另一方面，"组织化的宗教"继续维护现状而不管它实际上怎样，这也是事实。不过，这方面意味深长的因素（十九世纪如此，二十世纪则更是如此）一直是，传统宗教渐渐退回到个人的和私人事务的层面，对于法律的发展不复有明显的影响。与此同时，其他的信仰体系——新的世俗宗教（各种"思想体系"和"主义"）——却被高扬到民众愿意共同为之献身、并且（这一点更加困难）为此过一种新生活的热烈信仰的地步。

正是美国的和法国的革命，开创了新的世俗宗教的时代，是它们将宗教心理以及许多以前一直是借各种形式的天主教和新教教义表达的宗教理想，注入到世俗的政治和社会运动中去。最初，一种宗教的正统学说借自然神论的哲学得以保存——但这种自然神论的哲学只有极少一点乃是宗教信仰之根本的那种心理。实际上，十八世纪末和十九世纪的那些伟大革命者——如卢梭或杰斐逊——的宗教，并非其对上帝的信仰，而是他们对人、个体的人、他的本性、他的理性和他的权利的信仰。发自启蒙运动的政治哲学和社会哲学就是宗教，因为，它们把终极意义和神圣性归因于个人的心智——并且也，我必须马上补充一句，归于民族。个人主义和理性主义的时代也就是民族主义的时代：个人是公民，而公众的意见表现为并非人类的意见，而是法国人的意见，德国人的意见，美国人的意见，等等。

个人主义，理性主义，民族主义——民主主义的三位一体的上帝——在下面这些活动中找到了合法的表现形式：提升立法机关的角色，以及随后削弱司法部门创制法律的地位（除了在美国）；使个人行为不受公众支配，尤其是在经济领域；要求制订刑法典和民法典；努力使个人行为的法律后果可以预见，同样特别是在经济领域。这些"法律上的公理"（就像罗斯科·庞德会这么说一样）[①]被认为不但是有用的，而且是正义的，不但是正义的，而且是宇宙自然秩序的一部分。生活本身被认为从这些和相关的法律合理性原则中获取其意义和目的，而这些原则在关于自然法和人类理性的神学教义方面的渊源是显而易见的。

自由民主主义乃是西方历史上头一个伟大的世俗宗教——是与传统基督教相分离，同时又吸收了传统基督教的神圣观念和它的一些主要价值的第一个思想体系。不过，在变成一种世俗宗教的过程中，自由民主主义很快就遇到一个对手：革命的社会主义。1917 年，在遍及欧洲的革命运动出现了一个世纪以后，共产主义终于在俄国夺取了政权，其时，它的学说获得一种权威性启示的神圣性，它的领袖地位则具有高级牧师的那种超凡魅力。此外，共产

① 参见 Roscoe Pound, *Jurisprudence*, III (St. Paul, Minn., 1959), pp. 8—15。

党一方面保有修道院式的亲密关系，另一方面又具有寺院秩序中的严厉特色。在第二次世界大战以后的清洗中，欧洲忠诚的共产党员常说，“党外无拯救”，这不是偶然的。

社会主义的法律公理虽然在许多方面不同于自由民主主义的设定，却也表明有基督教的共同渊源。比如，在苏联学童必须熟记在心、并且被当成是苏联法律政策依据的苏维埃《共产主义建设者道德法典》里，就有诸如这样一些原则：“有良知的劳动者为社会利益工作——不劳动者不得食”；“每个人都关心公共财富的维护与增进”；“集体主义和同志式的相互帮助——一人为大家，大家为一人”；“社会生活中与个人生活中的诚实、坦白，道德纯洁，谦逊谨慎”；“对不公正、寄生现象、不诚实、追逐名利和利欲熏心的人的不妥协态度”；“对共产主义的敌人的不妥协态度”；“与各国各民族劳动人民的兄弟般团结”。① 苏联法明显地让人想到马萨诸塞海湾殖民地的清教法典，1641 年的《自由书》；想到其中对背教、怠惰和个人不道德行为的惩罚。② 此外，苏维埃制度极为强调法律的教育作用，强调公众通过“同志法庭”，“人民巡逻队”来参与法律程序和执行法律，并且把人们置于工厂或街道集体的看护之下。不仅如此，这些都是在一种“共产主义末世学”的名义下做的，它预言，共产主义实现之日，强制和法律本身都将最终消失，那时，人人相待（还是用《共产主义建设者道德法典》的话说）如“同志、朋友和兄

① 《共产主义建设者道德法典》乃是 1961 年第二十二次党代会通过的苏联共产党纲领的一部分。可以在下面的文献中见到：Dan N. Jacobs, ed., *The New Communist Manifesto and Related Decuments* (3rd rev. ed.; New York, 1965), p. 35。

② 见 *The Laws and Liberties of Massachusetts* (Cambridge, Mass., 1929)。

弟”。强制力和正式法律的强力手段可以被用来促成这一社会，这与共产主义乌托邦的远景绝无矛盾。

当然，把美国政治运动和社会运动中的宗教（或准宗教）特征拿来与苏联共产主义的宗教特色相比是夸张了些。不过，在美国和在所有西方国家里，曾经专注于传统宗教的各种情感，现在都注入于世俗运动，如政党政治，福利立法，社会改革，学生造反，和平运动，妇女解放，生态平衡，以及许多其他运动之中。而且，并不只是这些运动的情感的方面渊源于宗教，它们的许多观念也源于基督教和犹太教；而首先，它们的历史观时常是相近的——尤其是它们对于未来的信念。

同时，基督教本身正在失去其公共性格，丧失其政治性和法律性，而(用尤金·莫特曼的话说)日益“私人化”。[①] 人们多半是作为个人或作为单个家庭去上教堂，获得精神上的滋养，使他们在非宗教的活动和关系中得到支持。

于是，我们看到一种“非宗教的基督教”[②]与可以名之为“非基督教的宗教”的结合。它提出的问题是，这种结合是否（以及如果是，那么如何）能够获得充分的权威，从而在新的历史阶段中实现

---

① 见 Moltmann, *Religion, Revolution and the Future*, trans. Douglas Meeks (New York, 1969), pp. 113—117。参见 Thomas Luckmann, *The Invisible Religion* (New York, 1967)。

② “非宗教的基督教”一语出自德国神学家 Dietrich Bonhoeffer，他在从纳粹监狱中写出的信里发挥了这样的思想：在今天的二十世纪社会里面，制度化的宗教形式和传统宗教学说不复需要，而且它们也确实是基督徒生活的障碍。但是这里，我们在某种不同的意义上使用这个词——指基督教社会性和历史性的淡化以及它变成一种私人的信仰。

在过去两千年间历尽艰辛建立起来的西方法学的伟大原则:公民不服从的原则,旨在使人性升华的法律改革的原则,多种法律制度并存的原则,法律与道德体系保持一致的原则,财产神圣和基于个人意志的契约权利的原则,良心自由原则,统治者权力受法律限制的原则,立法机构对公共舆论负责的原则,社会和经济行为的法律后果可以预知的原则,以及较晚出现的国家利益和公众福利优先的社会主义原则。对有些人来说,这些原则可能是不证自明的真理;对另一些人来说,它们可能是功利性的政策;但在作为整体的西方人看来,它们首先是历史的产物,主要产生于基督教会在其历史的各个阶段中的经验:公元一世纪的地下教会,拜占庭的和西方中世纪早期神权政治的国家-教会,中世纪后期超越国界的、有形的和团体性的独立教会,国家内部的无形的路德教会,加尔文教的公理会,以及渐至今日的以个人信仰为基础的教会。教会这些前后相继的阶段,创造出民主主义和社会主义的法律制度建立于其上的心理基础和许多种价值。

有些人,尤其是知识分子们,认为即使没有宗教或准宗教基础,只须依靠适宜的政治控制和经济控制,凭着一种人道主义哲学,上述基本法律原则,无论是民主主义的还是社会主义的,依然能够存续下去。然而,历史,包括当代史所证明的恰好相反:人们不会衷心拥戴一种政治制度和经济制度,更不用说一种哲学,除非对他们来说,这种制度或哲学代表着某种更高的、神圣的真理。如果在人们看来,有一种制度与他们信仰(用全部的生命去**信仰**,而不仅仅是在理智上**认为**如此)的某种超验实体相悖,他们就会抛却这种制度。这就是为什么那些否弃了传统宗教的民主国家和社会主义各国，最后又都转向种族的宗教、国家的宗教或者阶级的宗教（或者这三者的宗教）。知识分子们感到为这一变化所出卖；他们依然指望着，人们将具有一种新的意识，像他们自己的那样合理，不带宗教色彩，但是他们未曾想到，他们自己对各种政治制度、经济制度乃至人道主义哲学的信仰，同样是超理性的，并且同样是基于自我关切的，这就是知识分子的宗教。

在本书的头两章里，我尝试对那种把法律看成主要是法律书籍中条文的传统观点提出挑战。法律主要不是规则或者适用这些规则于案件的法律意见的汇编，不是对如何把规则应用于案件的各种方法加以分析的博学论著和文章的汇集。这些都是专家们头脑中法律的残迹，而在任何一个社会，构成法律之基本实体的乃是持续不断地制定和重订法律的戏剧；这些戏剧，连同其仪式、传统、权威和普遍性，不但显示和实现了法律的原则和策略，而且表明并且实现了法律的价值、法律的情感。而这些，又有助于确立法律的宗教性和神圣性。

其次，这两章还意在向把法律看成仅仅是政治的产物这种传统观念开战。当然，政治确曾产生出种种法律规则和判决；然而，除非人们信赖这种法律，除非他们赋予此法律以普遍和终极的意义，除非他们依据一种超验真理来看待和判定这法律，一切都不会发生。法律将形同虚设，它将是“死法”。

再次，这两章亦欲驳难这样一种见解，它把法律价值主要归因于人的理性能力，归于人“发现”解决其问题的办法的能力。的确，我们的法律的许多基本原则是被发现的，而且确实是有意义的，我们应当为之非常欣慰；但是，它们是真实的，它们要求人们的拥戴，也是因为它们是西方人在保卫其信仰、使自己适应新的历史环境的斗争中为之奋斗并赢得胜利的那些原则。假使我们忘记了把这些原则化为现实的斗争，我们就不能恰如其分地估价这些原则。比如，我们可能不赞同我们同代人中那些实践公民不服从的人的政治观点，和那些要求政府容忍这种行为的人的政治观点。但是我们都应该同意，法院在审判那些因为真诚地相信法律有悖良心而违背法律的人的时候，应该考虑他的信念，把它看成是减轻而不是加重情节的因素。以此表明对一个有两千多年历史的遗产的尊重。同样，对于契约应予履行——当事人之协议必须恪守（pacta sunt servanda）这一法律原则，我们或许也不表赞同，但是我们必须承认，接受相反的原则，即如果证明对较弱的一方不利，协议即无须遵守，那就是对我们的超过四百年之久的宗教史和法律史发展的背叛。这里，关于那段历史的重要性，我们可以有不同的看法（不管我们是否应在这个具体问题上受其约束），但是我们必须承认，曾经创造了我们的遗产的巨大热情，也创造了有利于保存它的推定。历史延续性推定固然是可以反驳的，但是证明的责任是在主张改变这些推定的一方。

最后，对那种认为历史仅仅是过去的记录，而不同时又是通向未来之路的看法，我也试图予以驳斥。西方法和西方的宗教视历史为活的传统，生生不息的标志。我们的法律传统和宗教传统通过把我们与先于我们政治的和经济的意识形态（民主主义以及社会主义）的过去联结为一体，也把我们与超越今天意识形态论争的未来联系在一起。正是由于这个缘故，法律信任与宗教信任的严重丧失，威胁到我们作为一个民族的完整性——

威胁到我们全部的过去，以及因此也危及我们全部的未来。我们必须用来克服整体性危机的一个办法，就是恢复我们关于宗教与法律的相互作用在西方人历史上的各个时期如何使这两者皆重获新生的意识。

3 宗教中的法律

到现在为止，我们一直在谈两个问题，第一是所有社会中的法律对赋予它神圣性之宗教要素（仪式、传统、权威、普遍性）的依赖；第二是基督教以及源于基督教之世俗信仰在激发和塑造西方法发展的方面所起的作用。我们力图表明：只有当我们承认法律不仅是社会功利问题，而且也是、且主要是生活目的和终极意义的一部分，承认法律关系到人的全部生命，即不仅关系到他的理性和意志，而且还关系到他的情感和他的信念，我们正在经历的在美国和其他国家的法律信任危机才可能得到应对和解决。

然而，如果只有通过诉诸宗教，我们才能够解决法律信任危机，那么，宗教信仰的危机又将如何？求助于宗教以保全法律，这在今日之美国就好比要求一个溺水者去救另一个溺水者。问题在于，宗教怎样才能够恢复其自身的活力？

我相信，部分答案就在于——虽然貌似荒谬——承认和恢复宗教的法律性。正如没有宗教的法律会丧失它的神圣性和原动力一样，没有法律的宗教将失去其社会性和历史性，变成为纯粹个人的神秘体验。法律（解决纷争和通过分配权利和义务创造合作纽带的活动）和宗教（对于终极意义和生活目的的集体关切和献身）

乃是人类经验两个不同的方面;但它们各自又都是对方的一个方面。它们一荣俱荣,一损俱损。

我并不是在谈论法律与宗教的合一,而是讲它们辩证的相互依赖。的确,在有些文化,比如古代以色列和伊斯兰文化当中,宗教与法律是同一回事情。同样的倾向也可以在印度教以及当代许多尚无文字的文化中间发现。早期佛教徒反叛印度教,就好像早期基督徒反叛犹太教一样,其部分宗旨就是要反对法律的过度神圣化和宗教的过度法律化。

对律法主义的反叛,可能发展到否弃任何一种法律中的宗教价值和排斥宗教中所有法律成分的地步。最纯粹的佛教甚至要求君主放弃他的王国,终身奉献于对内心宁静的追寻。一些基督教神秘主义者也信奉同样的学说。但是甚至在神秘教派里面,一旦神秘主义者彼此间建立了联系,并且试图把他们的信仰和习惯传给下一代,法律要素便被引了进来。其终极关切就是如何使自己达到涅槃境界的佛教僧侣也认为建立一所训练自己和他人的学校是其终极关切的一部分。比如,现在沉醉于个人冥想的美国学者和教授们成立了"国际学者冥思协会"和他们可以在那里交流心得、并购买咒文箴言等的各种中心。差不多一千五百年前,圣西蒙·斯台利兹(St. Simeon Stylites)在高高的圆柱上坐了三十年,以表示他对这个世界的习俗和法律的弃绝,但这种行为本身显然就是其宗教价值的建构;此外,他也接受那些对他的隐居生活怀有虔诚信仰,为他运送食物的人们的服务。而一旦神秘主义由隐居转入修道院,它就需要甚至更加精巧的法律。由十二世纪的教会法学家建立起来的西方法律传统以修道院的苦行规则为其主要的激励渊源之一，这不是偶然的。

因此我要说，正好比在即使是最拘泥于律法的宗教中也有并且必定会有对于人类内心精神生活的关切一样，在即便是最富神秘色彩的宗教里面，也存在并且必定存在着对于社会秩序和社会正义的关切。任何一种宗教都具有并且必定具有法律的要素——确切地说有两种法律要素：一种与共同信仰某一特定宗教之群体的社会活动有关，另一种则关系到宗教群体只是其中一部分的更大群体的社会活动。

当我们考虑到某些现代宗教思想派别强烈的反法律倾向时，宗教本身即含有法律要素这一事实的重要性就变得显而易见了。实际上，据说在今天美国的许多神学院里，无论新教的还是天主教的，都存在着对任何一种法律的根深蒂固的不信任，存在着这样的信念：对于人类的精神蕲求来说，社会秩序的组织与程序是不相干的，甚至是异己的。一种与此相近的信念显然也在我们的法学院里广为传布，在这些地方，法律大体被看成是解决纷争和消除社会问题的规则和技术体系，而不是对于人类终极关切的回应。

现在，我想就基督教神学家提出为宗教与法律截然分离作辩护的三种不同学说作一讨论。第一种学说主张，唯一约束基督徒的法律乃是爱的法律（如有些人所称的“爱之神学”），这种学说导致这样的信念：法律的结构和伦理的结构总是相对的，从属于特殊的情境（所谓“情境伦理学”）；第二种学说则认为，基督徒应当依靠信仰而非法律来生活（我会称之为“信仰神学”），这种学说引出下面的信念：自成一体且组织严密的教会实体应予消解，基督徒应融入“世俗之城”（所谓“非宗教之基督教”，它也采取世俗基督教的形式）；最后是唯信仰论（严格说是所谓“反法律主义”）的学说，依此说，基督的复活带来了一个神恩新纪元，在那里，生活于世界末日的基督徒不再受任何法律和道德的束缚（我将名之为“希望神学”）。这种信念过去常常与激进的新教教义联系在一起，但是今天则在一些由此立场出发对教会之寺院法体系的正当性提出质疑的罗马天主教神学家的著作里找到了新的表达形式。

此外，我还要讨论第四种学说，非神学的学说，现今美国某些被称为青年文化或反文化群体的反法律立场，它们鼓吹和实践一种新的世俗启示主义，这种世俗的启示主义建立在这样一种信仰之上：自发性、激情和爱高于所有现存的分配权利和义务的程序和结构。

法律与爱

爱之神学主张，只有一条神圣的戒律，那就是爱上帝和爱人，而且，基督教意义上的真正爱人者，可以漠视所有其他道德和法律规则。爱，据说是一种自由天赋，不能被变成道德法或者政治法的对象。法被认为是抽象的、客观的和非人格的，爱则是具体的、主观的和个人的。法讲求一般性，爱则与独一无二之个体有关。法与权力、商业和世俗事物关系密切，爱则关涉到基督徒的生活。据说真正的基督徒不需要法律；他要遵守的规则便是圣奥古斯丁所

言,“爱吧,行你所欲之事!”(*Dilige et guod vis fac.*)[①]

爱与法的这类比照,实是对二者歪曲的描摹。

显然,无论《旧约》还是《新约》里面都不曾有这样的比照。首

① 法律与爱之间的根本差异,就这些术语在书中的意义来说,可以在 Emil Brunner, *Justice and the Social Order* (New York, 1945), pp. 21 以下中看到。Reinhold Niebuhr 就 Brunner 相信“基督之爱……仅在为每个个人所特有的亲密的关系中显现它自身”提出批评。“Brunner 犯了个极大的错误,”他写道,“他将个人仁慈的行为解释成比旨在谋求正义的政治家式的谋略更合乎‘基督的’……把**神对世人的爱**(*Agape*)限定于个人关系中的爱,而把所有正义的组织和方式置于其外,这种做法使基督之爱变得与人类共同生活问题毫不相干。”Reinhold Niebuhr, “Love and Law in Protestantism and Catholicism”, *Journal of Religious Thought* IX (1952), 95—111。Niebuhr 说道,“比之天主教或新教思想中设想的情形,法律与爱之间的差别较少绝对,而更多辩证。”他看到,谬误之源不仅在于爱的个人情感化,而且还在于法律的机械化,或者,(如他所说)“在于这样一种斯多葛-亚里士多德式的理性主义设定:存在着恒定不易的历史结构与历史法则,这些玩意儿其实根本不存在。”不幸的是, Niebuhr 自己有时也犯了他正确地归之于 Bruner 的同样的错误;参阅其名著 *Moral Man and Immoral Society* (New York, 1932)。

圣奥古斯丁的著名格言被那些要在其中找到“抽象的”伦理或法律准则与“具体的”爱的行为之间的鲜明对照的根据的人曲解了。圣奥古斯丁坚决主张,对上帝的爱乃是基本的美德,其他美德,包括正义的美德皆源出于此——这样,真心爱上帝的人将自然而然地希望依据上帝规定的准则行事。关于这个问题的清晰透彻的讨论,见 Edward LeRoy Long, Jr., *A Survey of Christian Ethics* (New York, 1967), pp. 129—131。

在当代罗马天主教学者中间, John L. McKenzie 在 *The Power and the Wisdom: An Interpretation of the New Testament* (Milwaukee, 1965)一书中主张“基督徒的自由取消了法律”(p. 207)。又见 Robert Adolfs, *The Church is Different* (New York, 1966),在这本书中,作者抨击罗马天主教教会中的极端守法主义,宣称“在基督教伦理中,有一样事情并且只有一样事情是被规定的——那就是爱——而唯一固有的恶便是爱的匮乏。”(p. 92)当代罗马天主教思想的这种倾向一直受到 Jean Lacroix 的批评,他说:“我们时代的重大危险,特别是对基督徒来说,是脱离肉体的超自然主义的危险,这种超自然主义准备牺牲权力,它误解了法律的作用,并且设想所有问题都能借爱的证明获致解决。”引自 Frederick J. Crosson, *Liberty and Authority: The Role of Law in the Church Today* (Baltimore, 1967), p. 155。见下页注①。

先,“用你全部的身心、全部的灵魂和精力去爱上帝”,以及“爱你的邻居如爱你自己”,这类圣经上的戒律并非在摩西律法之外,而是其中一个必要部分,明白地写在摩西五经里面,耶稣称之为摩西律法的概要和精华。[①] 这就意味着,无论对犹太教还是基督教,爱都被认为是律法本身之精神所在,而律法——包括其行为的具体规则,也包括其宽泛的道德原则——则要成为爱的体现。这一点在耶稣谴责文士和法利赛人的著名段落里得到了说明,他说:“你们这假冒为善的文士和法利赛人有祸了!因为你们将薄荷、茴香、芹菜,献上十分之一,那律法上更重要的事,就是公义、怜悯、信实,反倒不行了。这更重要的是你们当行的;那也是不可不行的。你们这瞎眼领路的,蠓虫你们就滤出来;骆驼你们倒吞下去。”(《马太福音》23:23)换句话说,耶稣并未将爱与法,或法与公义、怜悯分开,

① “两项爱的命令”的第一项见于《申命记》6:5;第二项见于《利未记》19:18;它们一起都收在《马太福音》23:34—40。

有一种广为流传的误解,认为犹太教教导说,上帝主要是个正义的上帝,而基督教教导说,他乃是爱的上帝。这种误解受到差不多所有主要基督教和犹太教神学家的驳斥。比较有戏剧性的犹太教的反驳之一,是对《圣经》里有两种上帝的名号:我主(Adonai)(耶和华)和神(Elohim)这一事实所作的拉比式的解释。据说,当我们谈及上帝与人及国家的关系时,使用我主的名号,神则是指作为宇宙之创造者和道德统治者的上帝。我主着重于上帝的慈爱与恩惠,神则强调正义与统治权。古犹太圣经故事说,上帝于创造世界之际委决不下,究应以仁慈还是正义创造世界。“倘若我只靠了仁慈创造世界”,他对自己说,“罪恶就会繁盛。倘使我只靠正义创造它,世界又如何忍受?所以,”他总结说,“我要借仁慈与正义来创造它。”因此,《创世纪》第一章在讲述上帝如何创造世界的故事的时候,用了神——正义——这个名字,而在《创世纪》的第二章,在叙述人类的故事的时候,“我主”(耶和华)就与“神”在一起使用了。我要感谢Edward Zerin拉比让我注意到这段评论。见J. H. Hertz, ed., *Chumash*, *The Soucino Edition of the Pentateuch and Haftorahs* (2nd ed., Willian Clowes and Sons, Ltd., London n. d.), pp. 6—7。

也没有把法的公义与怜悯由它的技术方面——“薄荷、茴香、芹菜”——分离出来。相反，他坚持以律法的精神和目的，即以爱来阐释**所有**的律法，而不是拘泥于字面意义，机械为之。所以，他在安息日行医，他与非犹太人共席，特别是，他公然反抗犹太教公会。* 但是他不认为这样做破坏了犹太律法；相反，他是以律法本身的名义、以律法精神的名义而行事。他说：“我是来实现律法的。”

把法律与爱分离开来的做法乃是基于这样的误解，即认为法律的本质在于其规则，以及法律根本上可以被定义为一套规则。这种看法忽视了法律作为一种社会秩序化过程的积极、生动的特质。作为一种活的社会制度的法律，适用中的法律，就如社会生活的任何其他方面一样，是具体的、主观的和关乎个人的。法庭之上的审判肯定不比宗教礼拜式更抽象。因为一个人犯了盗窃罪而把他投入监狱，或者，禁止一个校董会阻挠黑人孩子上高中，或是对交通事故中的受害人给予金钱赔偿，支付其医药费，在这类问题上没有什么是客观的。法律不仅仅是规则和概念；法律还是并且首先是人们之间的一系列关系。人对上帝的爱和对邻人的爱，包括耶稣所宣讲并实践的那种自我牺牲的爱，其体现于法律关系中的程度，并不比任何其他人类关系中所见的更少。前述法律与爱之间的差异，夸大了法律中规则的作用，低估了其中人的自主决定和关系的作用。

这种看法也错解了法律规则的功能。规则并不是对我们独一

* 《圣经》中指犹太教的最高议事及司法机构。——译注

无二的个性的否定。相反，它对于保护我们独一无二的个体人格免遭任性、专断和强制行为之害是不可或缺的。当然，它们立足于人们之间的相似性，把人们当作各个类别或者范畴的成员来对待，这也是事实。规则必须如此，这样才能维护法律的基本原则：相同的案件应该得到相同的判决。然而这并不仅仅是正义的原则；这也是爱的原则。因为在应该平等待人的情形下不平等地待人，这就不是爱。比如，立法机构、法院或者行政机关要求一些人缴纳比生活在完全一样环境里的其他人缴纳的更多的税金，这就不是爱。一个人把自己的财物给了更需要财物的另一人，这可以是爱的表露，但是如果社会允许后者不经许可就拿取他人的财物，那就不是爱了。置身于今天这样的相互交往的公共生活中，我们的人格——为了爱的缘故——要求公平适用的普遍原则的保护。

此外，平等对待以及法律的普遍性和公正性原则不能被理解为普罗克拉斯提斯之床，* 不考虑个人的实际情况而强求一致。认为法律是一种让事实适应规则的机械体系，这是如此众多的外行人（实际上也有一些律师）对法律共同持有的谬见。当然，法律可能会——实际也经常会——退化成这样的机械体系，但是它并非必定如此。法律规则就像所有语言表述一样，其意义得之于它被说或写的语境之中。比如在法院的程序中，当事人出庭；他们和其他人作证；所有这一程序参与者的个人品质彼此显露出来；证据

* 据希腊神话，古希腊强盗普罗克拉斯提斯（Procrustes）捕得旅客后缚之于床，或砍其腿或拉之使长，以适合其床。普罗克拉斯提斯之床（Procrustean bed）指强使与预定之理想相合的观念、理论或制度。——译注

受到衡量;作出应如何根据一般政策来处置个人情况的判决。在每一个阶段,都存在着规则与自由裁量之间的权衡。在大多数案件里面,危险实际更多是在主观性而非客观性。再一次,社会不允许“具体的、主观的和个人的”因素不受控制,这不仅事关正义,也是爱的要求。

自然,法院程序,或者甚至所有法律程序,包括立法和行政在内,还不能把一切都囊括净尽。这里还涉及到在更大社会中我们的成员身份的性质。在西方,教会与国家的彻底分离最终导致加尔文教的教导:“除爱以外的所有义务都归于国家”。去爱一种抽象的政治结构当然是偶像崇拜。但是,把家庭、教友会众、学校和其他过从密切的群体置于道德分类账的一端,被爱的一端,把我们所属的更大社会(城市、地区、民族、国家、人类)置于另一端,由一个机械的、法律的官僚结构冷冰冰地予以维持的一端,那就不但令法律了无生气,而且把爱浪漫化了。爱确实可以在欢悦之情的自由迸发中体现出来,然而一旦超出几个人的亲密关系之外,爱的表达就需要程序和规则。

不过,法律也没有被排斥在亲密的个人关系之外。甚至在家庭中,以爱的方式去处理许多问题都要依靠法律——在家庭成员中布置任务,公正地解决冲突,奖惩一致,维护协议的稳定,尊重彼此的财物,以及平等、一视同仁、公正、互惠等原则的其他表现。家庭中社会秩序的维系在所需形式性的程度上与维持国家内部社会秩序的方式不同。它的法律一般是非正式的法律,习惯法,而现代国家的法律却通常是正式的法律,制定颁行的法律。但是无论在小的还是大的社群当中,相互依赖和相互支持的关系都部分是靠分配权利与义务以及藉以解决纷争和创造合作纽带的程序来调节的。

法律与爱都因过分强调规则与规则的适用、行为与个人、大的社会聚合体与过从密切的群体之间的差异而蒙受其害。这些差异如果被理解为相对的，那将大有裨益，但是如果被绝对化，那就非常危险了。法律一旦被视为独立于其根本目的的纯粹之技术性或机械的制度，这种差异就被绝对化了；同样，如果爱被看作是与其社会表达形式无关之纯粹个人的或特定的情感，这种差异也就被绝对化了。

在流行的各种"情境伦理学"理论中，这两方面的谬见都极显明。这种理论由伦理问题发生的特殊情境中求得对这问题的解决，并主张除去基督之爱，情境不受任何道德戒律的支配。[①] "爱吧，行你所欲之事。"以此反对由宗教信条中引申出琐细的行为规则和按着僵死的范畴适用规则的伦理体系，这自然是可以理解的。在反抗这类"有害的极端守法主义"的时候，当代神学家强调，规则不应被弄成盲从的对象，而应该用来满足人类和社会的需要，这肯定是对的。但是当情境被看得似乎无须服从无论何种规则的时

---

① 见 Joseph Fletcher, *Situation Ethics* (Philadelphia, 1966); Paul L. Lehman, *Ethics in a Christian Context* (New York, 1963)。参见 Long, *A Survey of Christian Ethics*, pp. 157 以下; L. Harold Dewolf, *Responsible Freedom: Guidelines to Christian Action* (New York, 1971), pp. 28—30, 32—36，并且特别是 pp. 107—110。(在此书中，"新约意义上的爱"被定义为对信徒团体(koinonia)的积极追求，"爱"乃是一个表示"完全浸润于亲密沟通"的"语词"，爱将促成作为"有机的团体"的教会。Dewolf 博士写道："……每一个体……爱所有其他个体，而所有个体又都因其个体性而'隔离但又相互平等'，这样一种个体观念从未在《旧约》或者《新约》中出现。")既然爱是人与人的沟通，它要发生作用，就不能没有常规程序和由这类程序产生的规则。

候，这种反应就走过了头。有趣的是，当代神学的规则怀疑论几乎与某些现代法学派别，尤其是所谓“法律现实主义”的观点完全吻合，这一派怀疑所有法律规则的有效性，它试图根据具体案件中的有利结果，或者更进一步，根据法官对此情境特征和其中固有规则所持之观念找到解决的办法。

情境伦理学或者情境法的主要错误就在于假定：情境是自我规定的，似乎它之为某种情境乃是因为它就是它；而实际上，它在一定程度上正是由情境伦理学家或者法律现实主义者希望能免除的规则规定的。规则乃是情境的组成部分，就如应当决定情境的人——法官、立法者、执行者或其他人——是其组成部分一样。在纯学术的课堂讨论中，我们或许可以完全撇开任何规则，也不管讨论者碰巧是谁，来考虑比如在一种特定的具体情形中，一个医生是否应该被允许攫取一名患者的生命。但是如果问题是出现在现实生活中，在医院或者法院或者立法机关中，人们恐怕就无法在排除规则的同时而不把医院当局或者法官或者立法者也排除在外，因为他们正是由那些规则获得其相关权利和义务的。实际上，人们将不得不排除案件本身，因为它之成为一个案件，只是因为存在某种使其成为案件的规则。而且基本上，课堂上讨论的情境也是如此：使它成为一种情境的主要因素，即是规定杀人在某种情形下是犯罪，而在其他情形下则属正当的规则。

总之，无论是在全社会还是在小的群体当中，将法律由社会关系中排除出去将留下任性、专断和压迫，而不是爱。爱需要法律。事实上，从犹太教和基督教的立场、也从人道主义者的立场出发，帮助创造爱在其中可以繁盛的条件，乃是法律的首要目的，也是法律主要的正当性所在。

这可以由一些极为基本的事例来说明。美国联邦宪法规定了言论自由以及宗教信仰和宗教传布的自由;这就给了爱的信徒一个传播其信仰的成功机会。税法准许慈善捐款免交所得税,因此鼓励了对有困难的人援之以手。学校法推行强制教育,因而提高了识字率,这样就可能有更多的人阅读《圣经》。惩治重婚罪的法律有助于保护妇女免遭某种形式的压迫,并且巩固了家庭。财产法和赊购交易法(比如城市规划法、城市复兴法和抵押法)有助于(比如就联邦房产局抵押来说)克服城市里的过分拥挤。契约法有助于创造商业交易中的信任条件。在这些和其他法律里面存在着许多问题,但是如果没有这些法律,爱就会被迫置身于社会混乱之中。仅有法律尚不能创造出爱,这是不言自明的;而爱要在社会中发挥作用,则不但要求法律作它的准备,还要求法律作它的媒介,这一点虽不那么显明,却是同样真切的。

有人要问:法律如此帮助培养的确实是爱?或者不过是善意和礼貌?这是那种我们以之与**博爱**(caritas)、兄弟之情(agape)一类词联系在一起的献身精神?或者它不过是对旨在满足我们相互自利的良好行为之最低标准的维持?这个问题表明——的的确确——法律并不一般地要求牺牲或英雄的举动,而且即使它提出这样一类要求,也不会强使人们怀有应当伴随着这类举动的献身精神或英雄情感。不过,这个问题可以从另一面来看:爱并不要求法律强令人有这样的行为或情感——爱不会因这类法律要求而获益。法律并不以取爱而代之的办法,而是通过创造爱在其中得以生长的土壤来服务于爱。比如,法官是公正的,他听取诉讼双方的申辩，对无论原告还是被告都不抱成见，坦诚以待，这个事实就是为了把偏见或者仇恨排除在判决之外。这正是爱之所求。法官必须把自己置于当事人的位置上。同样，契约法中对承诺之拘束力的认可，对犯罪的惩罚，对履行信托和信任之义务的要求，对因过失引起之损害的索赔，这些都是爱所要求于法律的东西，为的是消除怀疑、恶行、诈欺、不安全和类似的弊害。法律不应当是爱，但它应当去充当爱的可靠仆人。这跟宣称爱与法律在某种根本意义上是彼此对立的说法相去甚远。

此外，说法律不要求献身的爱，并不等于说，从事制定或执行法律的律师、法官、立法者、行政官员或者遵守法律的公民，对这类爱也常常漠然无所求。进退于对顾客的义务和对法院的责任之间（因为他既是一方的代理人，又是另一方的官员）的有良知的律师，需要保有头脑与心灵的正直完整。我们应该承认那些敏感的律师们的献身热诚，他们竭力要摆脱并非由他们自己造成的无可容忍的精神困境。同样，我们应当赞颂那些不畏社会的轻蔑与嘲笑、执法如山的法官们的英雄气概，特别是五十至六十年代美国南部的许多法官，他们满怀正义地推行遭到当地公众反对的有关种族平等的崇高原则。这里，虽然是在不同的意义上，法律也是爱的仆从。[①]

① John T. Noonan, Jr. 在其 *Power to Dissolve: Lawyers and Marriages in the Courts of the Roman Curia* (Cambridge, Mass., 1972)一书的序言(pp. xii—xiii)中对法律与爱的协调一致问题做了极好的概括。“在几乎所有当代制度里，”他写道，“法律与爱的协调一致都是个问题；在基督制度中，它是至关重要的问题。依据福音书，以心灵、思想和灵魂去爱上帝，并且如待自己那样去爱邻人，这是基本要求；耶稣的信徒将因为像上帝爱他们一样彼此相爱而得到承认。无论如何，实现这些原则是困难的，对一种具体体现这些原则的法律制度来说尤其如此。如果一种制度引导其负有责任的

法律与信仰

就像把法律与爱相对立的做法一样，把法律与信仰相对立的做法也低估了宗教的社会性，因此也低估了它的法律性。但是不同于“爱之神学”，与“信仰神学”有关的，与其说是整个社会应该怎样来组织（或不组织），或者个人应当如何对待其邻居一类问题，不如说是宗教群体应该怎样来组织（或者不组织），以及个人应当怎样对待上帝这类问题。

这里，我们想到路德关于因信称义的学说和他对教会法的抨击。路德说，国君应该依法而治，因为他要为他人提供服务和保护，但是单个的基督徒却“是一个对自己负责的人；他为自己而非他人去信仰。”[①] 因此，他只能因信仰而“称义”或臻于圣洁，虽然作为一个次要方面，他当然也应该服从“上帝的外部戒律”（还有君主

官员们只在人们的抽象方面去考虑活生生的人；或者，如果集中注意力于程序的运转，因而忽视了制度对这些原则的从属性，原则便不能实现。如果这类结果在所有法律制度中都无法避免，以致专把法律运用于他人的人绝不可能爱他们或为他们所爱戴，那么就没有可以与基督教的原则和谐共存的法律制度了。然而，如果人们能将法律看作是对于人类社会的存在来说是必不可少的东西，那么人们对于共同目的的追求便可能沟通一般性规范与单个个人之间不可逾越的裂隙。那时，爱之原则的实现将系于如何有意识地把握共同目标，如何有效地将之沟通，以及，它们怎样忠实地指导行为。”

① Long, *A Survey of Christian Ethics*, pp. 188—189。这句引语的上下文乃是路德关于个人道德与集体道德之间差异的讨论。他说，人们可能要求某个基督教国王为禁绝罪恶而参与战争，但是，对一个基督徒来说，对一个作为个体的基督徒来说，加入战争则是错误的。因此，对路德来说，世俗法乃是次要的东西，是政治必需品，其目的（以基督教立场观之）在于阻却罪恶；但是最至关紧要者，即获救，却是个人信仰的结果。

颁布的法律)。对于现代爱之神学或情境伦理学,路德恐怕极少同情;他断然否认,因信称义的学说能使人免去遵守十诫及其在道德法中所有细则的责任。事实上,一旦信仰使人成为信徒,路德说,"德行便有了"。[①] 然而这信仰要求"善行",而非任何教阶制度。因为基督徒"是一个对自己负责的人",所以教会乃是君主领土内的基督徒的无形团体。教会不可能把自己组织成为独立的法律实体而不冒犯上帝。

因此,路德如果活到今天,他很可能会对信仰神学抱有某种同情,那些人现在也对宗教的外在形式、作为独立实体的教会、通过仪式和教会组织之基督徒的自我认同大加挞伐。尤其是狄特里希·邦霍费尔(Dietrich Bonhoeffer),当他申明基督教应该放弃其制度上的认同和虔信主义,应该"在服务于世界和通过世界而服务于主的历程中……消亡"[②]的时候,看来他是把路德的精神发扬光大了。邦霍费尔这种"非宗教的基督教"把单个的基督徒完全交托给了他生活于其中的世界。基督徒必得献身于他所处的时代的种种利益和问题。人类已经"成年",不应再向宗教寻求慰藉。于是他得出这样的看法:基督徒应该离弃他们的教会,成为"世俗之城"的成员。[③]

不过,那些现在借信仰之名呼吁解散教会组织的人并未告诉

① 同上页注①,p. 132。路德"决绝地否认,因信称义学说能够被用来为解除伦理义务辩护。"Long 引用路德的话说,"正如信仰使一个人成为信徒,且使之行事正当,信仰也行善德"(p. 133)。

② 同上书,pp. 308,309。

③ 见 Harvey Cox, *The Secular City* (New York,1965)。

我们，没有了教会组织，人们当如何在宗教团体中间保持信仰的活力，并将它传之于后人。再者，他们没有证实（虽然他们假定），宗教团体的法律及其自我管理活动不能有效地标示出基督教信仰。他们轻视教会成员赖以聚而礼拜、受宗教教育、互相勉励和采取社会行动的准则、程序和仪式，把它们看成仅仅是次要的（“倒数第二的”）或者可能更不重要的东西；他们没有认识到，这些准则、程序和仪式可能也具有神圣性。教会应放弃所有关于洗礼、坚信礼、结婚和丧葬的法律和习俗吗？它们应舍弃由执事、教区会或各种委员会或任何有其他名称的机构实行的自治？它们应舍弃礼拜仪式？它们要放弃对那些需要其帮助的人的捐赠，放弃社会活动吗？或者正相反，它们应当努力去恢复这些事物的神圣性？

信仰不仅要求个人的德行，而且要求集体的德行，而体现在法律中的集体德行也和人可能做的其他任何事情一样具有终极价值（而非仅仅是次要价值）。我们并不需要事先去解开神学上关于“称义”的种种谜团才能认识到这一点。我们应该记得，甚至路德也告诉人们说，法律不只具有要求人们忏悔和以惩罚恐吓他们的否定价值，它还具有为那些想要为上帝尽责的人提供指南的肯定价值。[①] 加尔文主张，虔信的人喜悦法律，他不仅因之获得智慧，

① 有大量关于“法律的用途”的新教文献。尽管路德派与加尔文派关于这个问题的看法不尽相同（见 Long, *A Survey of Christian Ethics*, pp. 82 以下），但是一般来说，它们都认为法律（不仅包括道德法，而且包括它在国家之市民法中的相应部分）具有三重职能：（1）借助于刑罚的威胁阻止不安分的人们行恶；（2）使人们意识到他们的责任，并且因此而追悔其罪恶，以及（3）于有德生活之途中引导信徒们。见路德派协和信纲。引自 Alec R. Vidler, *Christ's Strange Work* (London, 1944), pp. 21—22。

而且“被激发去服从”,[①] 这样说与路德派教义(或关于基督教的任何其他主要阐释)并无矛盾。

有人可能(很可能)要问,这里谈的究竟是什么法,是“十诫”的道德法?还是写在人们心中的理性与人性之法?是教会的法?还是各种世俗法——契约法,侵权行为法,财产法,刑法,公司法,行政法,宪法和其他法律?虔信的人会喜悦所有这些法吗?是的,在它们教人以智慧和德行的范围内确实如此。但是在这里,我们应该更明确些。虔信的人应当不仅乐于服从诸如十诫中所见的许多道德原则,而且愿意接受世俗法中的这类原则,如争讼的公正裁决,政府行为合宪性的司法审查,因过失致人损害的人应就其损害提供赔偿的规则,无罪推定,受警察逮捕之人要求对其拘押的合法性予以司法裁决的权利,根据当事人意图解释契约,不分种族或信

关于第三种用途,加尔文写道:“法律的第三种用途,也是最重要的和与其适宜的目标有更密切关联的用途,与上帝已经驻足并统治在其心中的信徒有关。因为,虽然法律已为上帝之手刻写在他们的心中——也就是说,虽然他们因圣灵的指引而如此亢奋激昂,因而渴望服从上帝——他们还是从法律中得到了双重的好处。因为,他们发现,法律乃是每日里帮助他们更好和更切实地理解神意的绝佳手段,他们渴求这种认识,并且因这种认识坚定其信念。因为,尽管仆从已经受到获得其主人认可这种最强烈意愿的影响,对他来说,细心询问和遵从其主人的命令,以便不致违背它们,依然是必要的。不可使我们中的任何人免于此种必要性;因为没有人已经获得如许智慧,以至能不靠法律的日常指导而不断取得新的进展,从而获得关于神意之更纯净的知识。其次,由于我们不仅需要指导,而且需要告诫,上帝的仆从将从法律中得到这方面更多的益处;通过事后对它的反省,他将被激励去服从,他将坚信此道,而且不致陷入犯罪的泥沼。”John Calvin, *Institutes of the Christian Religion*, trans. John Alen, Bk. II, Ch. VII, par. xii。

一篇将路德派的协和信纲应用于当代问题的优秀论文是 Wilber G. Katz's “Moral Theology and the Criminal Law”, *Anglican Theological Review*, July, 1956。

① 见上页注①。

仰之平等保护的原则，善意的概念，以及大量其他法律的制度、惯例、权利、规则、概念和价值。这些东西不仅关涉政策和效用；其中的每一项都在宇宙的道德秩序（即我们在文化上和历史上所经验到的宇宙道德秩序）上有其渊源。至少在美国法律传统所及的范围内，这些原则的任何一项，即便不是出自《圣经》原本，也是符合《圣经》的。对于我们，一个历史的民族来说，它们宣明了上帝的意旨。

今日美国的宗教危机并非导源于（像在路德其时那样）它的过分法律化；相反，宗教之制度上的自我认同和它的社会表达形式的衰败——即作为正式团体之教会的式微——即或不是今日基督教衰朽的主要原因，也是其主要征兆。在美国，宗教正日益成为个人试图摆脱其孤独，追求个人心智安宁的私人事务。正如德国神学家尤金·摩特曼在此地游历一番以后所说，基督教似乎正滋养着私人化的个体存在，而在此过程中，它渐渐为社会同化，宣讲的几乎只是世人想要听到的东西。[①] 实际上，我们许多的宗教组织都在崩解——虽然宗教情感仍然在传布。在这样的情形下，非宗教

① “‘宗教是私人事务’，现代社会以此为口号摆脱了各种基督教教派对公共生活的影响。但是这个运动本身又同时具有新的宗教职能。此时。宗教变成了私人崇拜，*cultus priatus*。宗教现在被理解为精神和情感的事情，‘人格’之殊质……宗教与信仰必须关注孤独无定的灵魂，关注现代人的内心世界，一个因受现代社会纷扰而难以存在的世界……上帝乃是世界以及世界进程中之人类社会的源头与归宿，这一点已不再能够证明，然而，上帝是存在的超验基础，是个人依良心行事之能力的超验基础，这却是能够被证明的。要在此世之知识与活动的范围内为上帝造一安身之所已不复可能。[这]就使基督教向世界所宣讲的无非就是此一世界想要与闻的东西。”Jürgen Moltmann, *Religion, Revolution and the Future*, pp. 113, 117。

的基督教只会增进非基督教之新宗教(各种政治的或社会的信仰)所带来的危险,后者(用 W.B.济慈极有远见的话来说)完全缺乏坚定的信仰,或者甚至更糟,仅仅是狂热激情。

法律与恩典

第三组对比——法律与恩典的对比——建立在法律与爱和法律与信仰的对比之上,但又超过了它们。用圣约翰的福音书里的话说,“律法本是借着摩西传的;恩典和真理都是由耶稣基督来的”(《约翰福音》1:17)。它假定了一种作为上帝之最高启示的对耶稣基督的信仰,一种超出道德法要求的对他的完全奉献,以及,一种不受道德法强制的、自由去行上帝所欲之事的爱。耶稣教导说,这种信仰和这种爱乃是开启上帝王国的钥匙。但是,甚至这也还不是恩典。根据基督的教诲,恩典乃是上帝给予复活的基督之信徒团体的礼物,这些过着信仰与爱的基督徒生活的人已经入了上帝的王国。教会乃是过着基督徒生活,且急切等待着基督于世界末日即刻归来的上帝选民们的教友团体。这特别是圣保罗的预言,他告诉人们,教会生活在恩典时代的最后时刻。在一些现代神学家看来,这意味着教会应该祛除法律。

我们可以把这种看法叫做“希望神学”,因为它建立在对上帝的即将显现的期待上,而这种显现据说会把教会从所有异教的意旨、所有强力、所有强制、所有世俗活动、所有责任以及因此所有法律中解放出来。生活在对弥赛亚即刻归来的期待之中的教会,应该(有些人这么想)自由自在地生存,无须权威组织,没有强制性的行为规则,也没有法律程序。

这种十足的唯信仰论的精神力量不容否认。它主张一个有自我意识和认同的基督教团体,这个团体不顺随世人的意愿说话,而是用基督教的特殊武器——不仅是信仰和爱,而且是一种天启教会观(在最后一刻过着基督徒生活的教会)——与世界开战。尽管如此,这种神学却是建立在两种根本的错误上面。第一种错误是相信,在一个不断施加压力要把它纳入到各种世俗组织、程序和规范的世界里,教会能够没有自己用以解决冲突、建立合作的权威组织、程序和规范,而保有其信仰和爱,以及基督徒的生活。第二个,也是更根本的谬误是,相信恩典排斥法律。在这方面圣保罗的话被错误地引用了:他并没有把恩典与法律对立起来,而是把它与法律的**强制性**、它的制裁力相对立。根据圣保罗的看法,由于基督徒生活于弥赛亚归来之前最后时日的神恩之中,因此可以自由地践行摩西律法所要求的。如果他没有这样做,就必须请求宽恕,而这种律法就会被赐予他。换句话说,对圣保罗来说,恩典并不包含对摩西律法的价值的排斥,而是相反,含有对这些价值的内化。"[摩西]律法是圣洁的",他说,"诫命也是圣洁、公义、良善的"(《罗马人书》7:12)。尽管圣保罗承认另一个而且是更高的信仰和恩典的领域,但是在他看来,法律还是上帝拯救计划中的基本部分。

同样,在第四福音书里,在摩西制定的律法和耶稣基督带来的恩典与真理之间所做的对比也必须(如 C. H. 多德所示)依着拉比的犹太教来理解,这种教义认为,恩典与真理(*chesed v-emes*)乃是法律真正的本质。圣约翰所说的是,摩西宣示了律法,而耶稣体现了它真正的本质——“在他里面，律法的精神化为肉身”。[①]

恩典排斥法律的观念并不比关于法律消解于爱的观念或关于法律与信仰无关的观念更经得起推敲。所有这三种观念都错在低估了下面这些基本法律价值的神性渊源，如平等对待、公正裁判、义务对等、社会责任和其他许多耶稣概括在公义、仁慈、善意一类词汇中的价值。没有这些东西，爱、信仰和希望便失去了它们的社会背景；它们只能是空中楼阁。

我们并未忽略法律与爱、信仰和希望之间的张力。爱或者信仰可能要求一个人去违反法律；恩典施于法律秩序之外，并且可以法律程序以外的正当方式介入。法律是深思熟虑的产物；它需要时间，而爱、信仰和恩典可以是自发的和直接的。宗教关涉人的全部生命，其方式为法律所不能。然而，人的全部生命也包括他作为其所属社会之一员的生活。当然，人不可能把旨在达到个人自我完善的宗教生活简单地置换成社会生活和政治生活：这正是许多在本世纪二十年代和三十年代宣讲“社会福音”的人所犯的错误。但是三十年代和四十年代新正统派（neo-orthodox）的反动却经常犯了相反的错误；因为社会虽然不是建立在个人道德的基础之上，却也不是非道德的，毋宁说，它是建立在社会道德上面的。我们在这里论证的是，个人道德要在社会中发挥作用，就需要社会道德，也包括法律道德。

① C. H. Dodd, *The Interpretation of the Fourth Gospel*, (Cambridge, 1970), pp. 82 以下。

法律与青年文化

在今天美国的所谓青年文化里面，有着与唯信仰论极为相近的反对法律的倾向。部分在传统的基督教之内而主要在它之外，有人主张一种新"意识"——一种信仰，它以爱取代法律，并且抱有福音式的希望，希望不但个人生活方式，而且世界各民族的生活方式都将因此而发生一场革命。[①] 新的服装式样、新的舞蹈和音乐仪式、新的吸毒方式、新的文学以及许多其他的全新标志已经为数十万（也许是数百万）美国青年所接受，其目的是宏扬一种全新的信仰。受到抨击的乃是美国社会中传统的中产阶级价值（用查尔斯·里奇的话说）："权力，成功，地位，收入，名望，成就，报酬，卓越，以及理性、能干的头脑"。这些价值被认为是空虚的，毫无乐趣可言，并且基本是破坏性的。它们是极端守法主义的价值。那些肯定这些价值的人，里奇教授说（他本人讲授财产法），"丝毫不关切死亡，敬畏，惊异，神秘，意外，失败，绝望，超自然魔力"，而如果"自我"不想被异化和枯竭的话，这方面的体验是必不可少的。[②]

人们可以全心全意地赞同对自发性、快乐、美、自我发现、亲密无间、爱的肯定，但还是要问，即使在那些抱有这种革命性信仰的人当中，如果没有组织或程序，不存在规范，没有合理的、公正的社会秩序，这些主张如何可能实现？这里指的还不仅仅是去实际地

① 参见 Theodore Roszak, *The Making of a Counter-Culture* (New York, 1969)。
② Charles Reich, *The Greening of America* (New York, 1979).

实现它们,而且还指在精神上体现它们、践行它们,使之成为现实。实际上,业已出现的数以百计的公社(在那里,新意识还在极富戏剧性地持续着)由于缺乏法律意识,已经屡屡遭到失败了。他们发现,信仰、爱和希望不能促进庄稼的生长,养育奶牛,或者维持团体内部的和平,除非他们制定了关于劳动分工,家庭职责,财产共有,成员教育以及类似事项的规则和程序。于是,中产阶级的价值和"理性能干的头脑"又回来了——希望不是作为自足的目的,而是作为正义和爱的仆从,作为体现公社之最高目标的手段。因为,错误在于假定,法律是外在于人的,法律不是他全部生命的一部分,它与爱、与信仰和恩典无关:这就是一方面导致极端守法主义,另一方面导致狂信或伤感主义的东西。

就像新左派、和平运动、妇女解放和当代其他类似的社会运动,特别是像民主主义、社会主义和所有西方的伟大思想体系和"主义"一样,青年文化终归是由基督教派生出来的,它如果抛却了基督教的基本意蕴便无以生存,而这意蕴之一便是对作为宇宙之一方面和作为人类精神生活之一方面的法加以肯定。① 自然,教会本身也是如此:如果没有发现能有效传达基督教各种价值的制度化的组织和程序,它们也无法生存下去。这不只是新的礼拜仪式的问题,而是会众生活方式的问题,是作为一个团体的教会的自

① 反主流文化本身即是由基督教所派生,但这一点在 Roszak 另一部优秀著作和 Reich 的书,以及关于这个主题的大多数其他文献中均遭忽略。不过,William Bradon 在 *The Age of Aquarius* (New York, 1970)一书中发现了"文化革命"与某些神学倾向(希望神学)之间的种种关联:而在 1970 年和 1971 年,随着许多其渊源公认是基督教的公社(如"耶稣信徒会")的出现,那些联系就愈加显明了。

我管理程序,以及为实现共同目标而互相交往的成员们的权利、义务的问题。此外,这种团体不能无视它只是其中一部分的全社会的法律:它必须注意住房法、福利法、家庭法、毒品控制、刑法、法院以及世俗法的其他许多不同的方面,努力利用法律去完成它自己的使命,并且为作为这一使命之一部分的法律改革效力。

法律乃是爱与信仰的一个方面,也是恩典本身的一个方面,这既是犹太教也是基督教中一个基本的而又被人忽略了的观念,这两种宗教都宣布,上帝本人即是立法者和法官,而且,他的法律和判决乃是神妙之物,是崇高与欢悦之物,是给予人类的福泽。这种看法表露于《旧约》和《新约》之中。诗篇作者用今天仍在犹太教和基督教每一教派中复述的词句唱道:

> 愿大水拍手
> 　　愿山在耶和华面前
> 一同欢呼;因为他来
> 　　要审判遍地。
> 他要按公义审判世界
> 　　按公义审判万民。(《诗篇》98:8—9)

在整部诗篇里面,上帝的公义与公正被等同于他坚定不移的爱。根据《以赛亚书》,上帝的判决乃是"寻求公平,解救受欺压的",是给孤儿伸冤,为寡妇辩屈(《以赛亚书》1:17)。他要求他的人民也按着公义裁判。我们在《申命记》中读到:"你们听讼,无论是弟兄彼此争讼,是与同居的外人争讼,都要按公义判断。审判的时候，不可看人的外貌，听讼不可分贵贱，不可惧怕人，因为审判是属于神的"（《申命记》1：16—17）。先知们吸纳了这一主旨。主之裁判是为生而非死。[①] 他们关于救世主的观念和诗篇作者的观念一样，上帝要派遣一个"行事有智慧，在地上施行公平和公义"的王（《耶利米书》23：5）。在耶利米看来，上帝的判决，他的法律，意味着整个社会的再生。[②] 而在弥迦看来，也像以赛亚一样，在最后审判日里，当"耶和华的言语出于耶路撒冷；他必在多国的民中施行审判……他们要将刀打成犁头"（《弥迦书》4：3）。

自然，上帝的判决还有另外一面：它们要以苦痛惩罚邪恶。罪恶必须受到惩罚。但这多半被看成是不得已的，而非合乎人愿的——一种根绝邪恶的必要手段。"法律须恪守其允诺"。[③] 非常

① 《以西结书》33：11。参阅 Jacques Ellul, *The Theological Foundation of Law* (New York, 1969), p. 39。Ellul 把神圣正义与人类正义截然划分开来，将自然法理论斥之为"不过是将相对和世俗正义贩运到天堂……在《圣经》的启示里面，没有任何一处提到过[自然法]"(p. 64)。既然人性本恶且不义，Ellul 说道，他便不能创造正义的东西(p. 71)。他更主张，"国家无权惩罚道德上的邪恶与罪孽。"(p. 124)然而将近此书结尾，Ellul 完全改变了看法，他争辩说，人类法纵未完善，却能"提醒我们记起"上帝的正义，再者，人类法"不能与怜悯相离"，而且它具有超越民族差异的普遍性(pp. 115—121)。

② "我要将我的律法放在他们里面，写在他们心上。我要作他们的神，他们要作我的子民"（《耶利米书》31：33）。

③ 此语出自 Oliver Wendell Holmes 法官致 Harold Laski 的信："如果我在准备吊死（或用电刑处死）某个人前与他进行一番哲学对话，我就会说：我不怀疑，你之所为对你来说是无法避免的，但是，为了使其他人能够避免此种行为，我们打算牺牲你以保障公共利益。如果你喜欢，你不妨把自己看作是以身殉国的志士。但是法律必须信守其允诺。"在一段发人深思的评注里，Wilber G. Katz 写道：

"这段引文可能令读者感到不胜惊愕。但下列这一点可能更令人吃惊：古典新教传统的神学家们同样毫不客气地把罪犯看作是实现社会目的的手段。……道德家们

奇怪的是，正是《新约》而非《旧约》引进了永恒的地狱之火的概念。

在《新约》里面，正是基督被授予了上帝的执行判决的权威。末日既已将临，基督的信徒应当戒除复仇或责难的行为。“你们不要论断人，免得你们被论断”（《马太福音》7:1）。“你这个人，为什么论断弟兄呢？……又为什么轻看弟兄呢？因我们都要站在神的台前”（《罗马书》14:10）。同时，如我们所见，耶稣对人与人之间的公义，对诚信，对顺从，对社会责任，对“总是如你们愿意人怎样待你们那样待人”（《马太福音》7:12）都给了高度的评价。而圣保罗不但说摩西律法是神圣的，并且认为，服从所有公义的法律乃是良知的要求，他还说，国家本身即是“神的用人，是与你有益的”（《罗马书》13:4）。

人们会问，这些对于法律的赞誉之辞与马萨诸塞州的法律或《美国法典》的条款有何相干，跟在我们的法学院讲授的汇集在侵权行为法、契约法、财产法、公司法、税收法、反托拉斯法和其他类似标题下的无数规则、概念又有什么关系；这与“芝加哥七人案”的

在论及惩罚之目的时常常抨击这种观点。康德认为，对社会来说，把人当作用以实现其目的的工具看待乃是绝对的不道德。惩罚在道德上唯一可以辩护的理由，据康德所言，乃是对于自由选择之行为的报应。但是关于这一点，犹太教—基督教的传统却是相当现实主义的，它对人性的看法与动力心理学的见解相去无几，因之它更接近于现代实证主义而非伦理学的唯心主义。此一传统中的神学家并未将刑事责任置于相对无拘束的选择自由的基础上。因此，他们的立场没有因为关于人类行为在很大程度上是被决定的这类心理学和社会学的发现而被动摇……正如 Paul Tillich 所云，爱，为实现其固有职能，即博爱与宽恕，必得找到爱能被实现的场所，也就是需要凭借判决与惩罚这样的外来手段。”Wiber G. Katz, “Moral Theology and the Criminal Law”, pp. 5—6. 出自 Tillich 的这段引文出于他的著作 *Love, Power, and Justice* (New York, 1954), p. 49。Tillich 所用“外来手段”一语出自路德的协和信纲，那里，法律被描述成“基督的外来手段”。又见本书第 81 页注①。

审判，或因某人吸食大麻或违反“征兵法”而判他五年徒刑有什么瓜葛；跟歧视穷人或少数族裔或妇女的法律又有什么关联。难道基督教认为所有这些法律都是神圣的，都是上帝拯救人类计划的一部分，都体现了宗教的价值？关于信仰、希望和爱自然也可以提出同样的问题，因为它们实际上存在于有着无数种价值和生活方式（不义的和正义的，邪恶的和良善的，迷信的和有理性的）的人们的生活里。命令在越南或在德累斯顿轰炸平民的人，会是心怀对全人类的爱和对上帝的信仰去实践福音的人？显然不是！这答案显而易见。那种蛊惑人心地投票赞成向穷人拨款以满足其一己私利的人也同样如此。很清楚，道德要求我们出于正当的理由做正当的事情，——而不是出于正当的理由做不正当之事，或者，依据不正当的理由做正当的事情。

然而这种无懈可击的建议并未回答我们的问题：首先，人类正义——通常为不义所败坏——如何能够渊源于神圣的价值；其次，人类的信仰、希望和爱——它们常常为幻灭、绝望和漠然所败坏——怎样能够在社会制度中显露出来，这些制度，用圣保罗的话说，乃是为了我们的福祉而服务于上帝。

上面第一个问题是本书第 1 章和第 2 章的主题；第二个问题则是这一章的主题，那就是，如果要在美国和世界上恢复宗教的生命力，当代宗教思想必须将宗教的法律方面纳入其关于神圣事物的观念中，而当代宗教经验必须体现于法律组织与程序中，不仅是宗教团体内的组织和程序，也是这些宗教团体乃是其中之一部分的更大社会中的组织与程序。

4　超越法律、超越宗教

在陀思妥耶夫斯基笔下关于宗教大法官的著名传说里，耶稣基督回到十六世纪的西班牙，并且被宗教大法官认了出来。他告诉耶稣，他原本不该拒绝撒旦所提供的经济、政治和意识形态的权力。“[你说]人必须从此弃绝古代严峻法律”，宗教大法官对耶稣说，“自由地决定什么是善，什么是恶，只有你的形象可以追随。”然而人不能没有面包、没有统治者、没有奇迹、神秘之物和权威而生存；所以教会，他说，为人之故“纠正了你的所为”。基督缄默不语。

这个故事通常被误解——也许因为它被从作品的上下文中抽离出来——为代表了陀思妥耶夫斯基本人的基督观念，他关于有组织的宗教乃是对耶稣基督的背叛的思想。但是人们必定还记得，陀思妥耶夫斯基借伊凡·卡拉马佐夫，一个理性主义者，一个西方化了的人之口吟诵了这段“散文诗”，他把这些告诉他的兄弟阿辽沙，说明他，伊凡，为什么无法接受一个无辜者受苦受难的世界，以及他为什么决定将他生命的“入场券”交还给上帝。阿辽沙，他在书中代表俄罗斯神秘主义与怜悯，不接受这个传说，“这纯属荒谬！”他说，“这不是东正教会里的[自由]观念……这是罗马教会，还不全是罗马教会，它是彻头彻尾的谎言，——是天主教里面那套最坏的东西，是宗教法官、耶稣会士们的那一套”。阿辽沙拒绝接受伊凡关于一方面是精神自由与献身之爱,另一方面是人类的经济、政治和意识形态需求这二者之间不可消除的对立的理论。他拒不相信基督代表着一种人无力侍奉的真理,他拒绝因世界的不义与苦难而谴责上帝。

尽管如此,阿辽沙并未就伊凡的困境提供一个哲学的替代物。陀思妥耶夫斯基倒开始了新的一卷,题目是“俄罗斯教士”,在这一卷里,阿辽沙所写的一部手稿记述了他的私人教师佐西玛神父的故事,作为一个年轻人,他曾由轻浮和邪恶的生活挣出,成为一个友善、勤勉和虔诚的人。对伊凡的回答是一个圣洁的教士真实的一生。但是显然,陀思妥耶夫斯基本人也不完全满意这样的回答。阿辽沙关于佐西玛神父的手稿并未完成。阿辽沙自己打算离开佐西玛神父“到尘世上去生活”。事实上,陀思妥耶夫斯基曾做过几次不成功的尝试来写一部《卡拉马佐夫兄弟》的续篇,讲述阿辽沙“在尘世上生活”①的故事。

陀思妥耶夫斯基摈弃了宗教与法律二元论的西方观念;转而要求法律的精神化,或者,像他写的那样,“国家转化为教会”,②亦即经济、政治和社会制度改变为以精神自由和献身之爱为特征的

---

① 我们在正文中对宗教大法官的传说的含义进行了解释,这种解释虽然新奇,却得到研究陀思妥耶夫斯基作品“多重性”的现代学术著作的普遍支持。见 M. Bakhtin, *Problemy poetiki Dostoevskogo* (2nd ed., Moscow, 1963),尤其是 pp. 332 以下(法文本,*Problémes de la poétique de Dotoïevski* [Lausanne, 1970],pp. 290 以下)。伊凡与阿辽沙之间的冲突也是他们各自内心的冲突,总的来说只能在书中加以解决。实际上,即便在书里也未完全解决,因为,《卡拉马佐夫兄弟》(正像 *Moby Dick*)可算是里面潜藏了《新约》的《旧约》,而这《新约》却是陀思妥耶夫斯基(就像 Melville)写不出来的。

② 见 *The Brothers Karamazov* (Garnett trans., New York, 1929), pp. 70 以下。

世界大同。在这里，他超越了西方理性主义的时代，预见到一个人们将不再愿意接受精神与世俗相对立、信仰及爱与科学及政治相对立、宗教（或眼下常被称为意识形态者）与社会秩序之法律程序相对立的时代。在陀思妥耶夫斯基的展望之后，仅隔一代人，那个时代便于 1917 年来到了俄罗斯，虽然所取的方式与陀思妥耶夫斯基期望的完全相反。依然是以一种不同的方式，它今天也正在美国化为现实。教会与国家的分离（按这个词在美国宪法中的意义）的确变得越来越绝对，但这仅仅意味着，国家本身正因为美国生活方式这种世俗宗教变得愈发神圣了。[①]

精神权威与世俗权威的二元论时代乃是九百年前开始于欧洲的时代，其时，新的成熟的法律体系在罗马法复兴的基础上建构起来，新的成熟的神学体系则由希腊哲学的复兴而建立，近代罗马天主教会亦作为独立于所有世俗权威的有形的、团体的和等级制的实体建立起来；四百五十年后的新教改革和随之而来的欧洲世俗国家制度的兴起更新了这一时代；而其后十七世纪的英国革命，十八世纪的美国和法国革命，以及 1917 年的俄国十月革命前后相继地改造了这一时代。自宗教改革以后，每一次伟大的欧洲革命——为此必须把俄国置于欧洲国家之中——都部分是为了把教会的某些法律和意识形态的权威转移到国家方面，并创造出宗教和法律之间新的划分。

恰恰是这个时代，九个世纪以后在两次世界大战和二十世纪的世界革命中到达了它的终点。我们时代的这些灾难性事件暴露

① 见本书第 38 页注①。

出宗教与法律的截然分离这一九百年古老传统的破产——在防止各个国家内部的社会、经济和政治生活的衰败，或在制止国际关系的崩溃和受战争威胁的人类自我毁灭诸方面，它显然无能为力。

综合的时代

正在日趋灭亡的不仅是一种特定的政治和教会传统，一种特定的法律类型和特定的宗教形式，而且还是一种特定的思维方式。正在开始的不仅是一种关于法律与宗教——正义与恩典——的辩证综合的新观念，而且是一种关于综合本身的新观念，是对传统的关于人类如何对待现实的二元论假定的否弃。这些假定不但在过去的九个世纪里统治了西方的法律思想和宗教思想，而且也支配了西方思想的其他方面。

西方的二元论思想在中世纪神学、尤其是在十一世纪末圣安瑟姆的著名格言 *credo ut intelligam*，“先信仰而后理解”里面首先获得巨大的推动。继而在近代科学、特别是十七世纪的笛卡儿的名言 *cogito ergo sum*，“我思故我在”中获得振兴。正在死去的有九百年历史的时代乃是“我理解”和“我思”的时代——是作为外在于它所感知的客观实在的思维之自我或思维之“我”的时代；是首先把上帝本身、然后是自然、最后是社会视为被进行理解、进行思想之思维主体所感知的外在实在的时代。这是主观与客观、本质与存在、人与行为、精神与世俗、宗教与法律截然分离的时代。传统西方思想的二元论特征确实渗入到几乎所有的分析活动中。我们仍然在争论什么是基本的，理智还是情感，意识形态还是权力，个人还是社会。在法律分析方面，我们只是极为缓慢地在克服逻辑对政策的二元论——一种对两者都不适宜的二元论。无论我们可能在理论上如何承认了它们最终和谐的可能性，我们的思虑传统上始终依据着这类不可消除的对立。[①]

在过去的125年里，马克思主义因为主张客观物质“基础”（用来维护统治阶级财富和权力的制度及观念的社会和政治之“上层建筑”就建基其上）——经济生产方式——而极大地加强了西方思想的二元论倾向。马克思认为，人们所抱持的观念是一种他所谓的意识形态，即一种对其物质的阶级利益的无意识反映。他认为，只

① 或许，对二元论原则进行了最系统的理性化与最系统运用的是杰里米·边沁。他相信，要获得确定的知识，我们就必须把所有的知识都划分成相互排斥的“两支”。他写道，“如果我们把某种整体一分为三，那么我们根本找不到这样一个恰当的术语，可以用它来分别指称所划分出来的三个部分，并清楚地显示出这三个部分的组合便正好成了那个整体。而两分法就能保证这一点。如果把法律分为惩罚性的和非惩罚性的，则‘惩罚性的法律’与‘非惩罚性的法律’这种说法本身便可以使我们确定，任何一种法律不是属于前者便是属于后者，其间没有含糊不清之处”。另外，“当我们把一事物划分成不同部分时，我们当然需要判定这些被划分出的部分是否能穷尽那一事物所包含的所有内容；但这就需要我们把这些部分看作是互有区别的，好像它们是两种不同的东西。只有这样，我们才能在思想上确定它们是否穷尽了该事物的内容，并能用语言表达我们的判定。我们只能一起比较两种事物——我们无法同时比较三种或更多的事物。在普通语言学中，我们确实谈到同时比较两种以上的事物，但是，我们赖以达到这一目标的操作方法却是混合的，它由一系列比较中抽出的推论构成，每一推论同时只涉及两种事物。”见 C. K. Ogden, *Bentham's Theory of Fictions* (London, 1932) pp. cxxvi, cxxv. 在边沁看来，事物或者这样，或者不是这样；它或者是物质的，或者是精神的；命题或者是清晰的，或者是含混的；法律要么是惩罚性的，要么不是惩罚性的；本质或者是真实的，或者是虚构的，等等。毫无疑问，我们可以运用这种边沁称之为“两分系统”的东西来分析和说明事物，只要分析者和他的读者或听者对“被划分出来的部分”有着共同的理解，则此方法显然是有其作用的。但是边沁还把它用作认识现实并穷尽其本质的方法。然而，相反实相成。至少今天，我们不再能简单地接受“非此即彼”的真理；它本身再三向我们表明了“亦此亦彼”的性质。

有真正的科学家才能够揭开这一意识形态的帷幕，洞察隐伏在关于法律、宗教和上层建筑其他部分各种传统神话下面的客观状况。

这里，根本的谬误在于假定，客观的社会现实，如“生产方式”和“生产的阶级关系”独立于那些参与其中的人的思想和情感而存在。由一堆钢铁和电流所凑成的东西在人们把它们感知为机器之前就不是机器。一个砌砖工人如果像一个未来的店主那样思考和行动，他就不是个无产者。我们为了各种目的创造出“食物”和“性”这类抽象词汇，但是我们接受——或者不接受——的却是诸如面包和结婚一类社会现实，而这些不仅是自然的产物，而且还是观念和情感的产物。一种把客观物质实在看作是基础，把主观思想和情感领域看作是派生物并据此把二者截然划分开来的哲学，尤其不能解释过去五十年的历史。面对人乐于称为其“环境”的东西，人类发展迅速并且以神话和幻想公然反抗他自己的“物质利益”，这种情形也许今日尤甚。

马克思主义者的客观实在理论归根结蒂是来自托马斯主义思想的二元论。甚至科学的无神论，如莱斯利·迪瓦特（Leslie Dewart）所表明的，也是中古西方神学的直接继承者，它把存在与本质分离开来，并因此提出这样的问题，“上帝存在吗？”说上帝“存在”，就好像他是一个偶然的存在，一个客观认识的对象。[①] 当我

① 见 Leslie Dewart, *The Future of Belief*: *Theism in a World Come of Age* (New York, 1966), pp. 152—170; Dewart, *The Foundations of Belief* (New York, 1969), pp. 347 以下。Dewart 批评了罗马天主教思想中希腊文化的要素，特别是关于语言（因此也就是思想）只是实在结构之反映的柏拉图式的假定。借助于语言和思想，他写道，“我们并不止于反映或者观察实在；毋宁说，‘积极地置人类于世界的现实之中’正是语言和思想的职能。”(p. 416) 又见 p. 225。

们论及上帝，似乎他并不在场，我们就否定了上帝。

同样，把法律看作阶级统治工具的经典马克思法律理论，就建立在与它所批评的学院式自然法理论一样的形而上学的假定上面：它也把法律看成是知觉对象，一件既脱离其生产者又脱离其消费者的产品，一套外在于遵从它的人而存在的规则。人们可以得出结论说，这种东西本质上是自然的，比如托马斯·阿奎那，或者，像一个马克思主义者那样得出结论说，它在本质上是任意的，但是在两种情况下，人们奉行的都是杜威在数十年前所指出的“旁观者认识论”立场，这种理论把人想像为存在于他所分析的宇宙之外。

现在，这些马克思主义与传统的西方思想共享的形而上学假定，不仅在西方，而且在马克思主义被作为官方教条接受的世界其他地区，都已大大失去了活力。在苏联与中国，意识与存在，上层建筑与基础，精神与物质，主观与客观的二元论实际上主要被限于解释非社会主义世界的社会现象；而在解释其他社会现象时，重点被放在（如在所有国家里日益被放在）综合上面。实际上，苏联和中国的理论家像陀思妥耶夫斯基那样宣布，国家即将转变为（当然不会转变成基督教会）由自由的、具有社会意识和献身精神的列宁信徒们所组成的社会团体。

无论在哪里，综合——二元论的克服——都是开启新型思维的钥匙；这种新的思维乃是我们正在进入的新时代的特色。“非此即彼”让位于“亦此亦彼”。不再是主体反对客体，而是主体与客体交互作用；不再是意识反对存在，而是意识与存在同在；不再是理智反对情感，或者理性反对激情，而是整体的人在思考和感受。宗教携同法律，信仰伴随劳作。人与行为：法律应当裁判行为，但是为了知道一种行为究竟何属,法官应把自己置于行为者的位置上。正义是神圣的,否则就不是正义的。神圣是正义的,否则就不是神圣的。

在一定意义上,综合意味着一个法律的新纪元,在其间,法律将扩展到其他学科、其他行业和其他社会过程,它将达于社会学、经济学和政治学,及于医学和商业管理,涉足贫穷问题、种族问题与国际关系,深入文学、艺术及宗教领域。在美国的法学院,随着“法律与……”的课程如“法律与医学”、“法律与经济发展”、“法律与种族关系”、“法律与精神病学”,以及(希望)“法律与宗教”的开设,我们也许就要跨入这个新纪元,或者至少是要叩响它的大门。同样,对宗教来说,藩篱已经崩坏:教区可以同时是少数民族居住区或是嬉皮士聚居地,神学院也开始让宗教与其他学科和社会活动相配合。当然,无论法律还是宗教,它们最好的老师和最好的实践者总是根据与其他学科、其他职业和其他社会活动的广泛结合来构想他们各自的学科的。新的东西乃是,这种观念现已发展到被认为是理解所有学科的核心的程度,到了开始被系统化的程度。

但是,除非思想本身和使思想得以表露的语言——论说——的性格同时也得到拓展,扩展职业和学术学科的领域不会成功。对法院来说,如果同时它们还继续把政策与逻辑对立起来,认为前者本质上是任意的,而后者根本上是机械的,那么,在进行案件判决时极力扩大有关的考虑的范围,以便根据法律的社会、经济和政治目的来解释法律(像它们在过去四十年里所做的那样),依然是不够的。一个不合逻辑的政策性判决,就像一个失策的逻辑判决一样糟糕。真正需要的是一种合乎政策的逻辑,它将取得这样的结果:**既有**令人满意的效果,**又是**一致的、客观的和公正的。达到所谓"中立原则"基础上的所谓"政策性判决"是完全可能的。[①] 这种"合理的选择"(大卫·卡沃语),一方面使司法治理不同于任意专断,另一方面使它区别于机械法学。同样,为比如穷人设计更好的住宅,把不同职业和学科的代表们——政治学家、律师、经济学家、社会学家、建筑学家和社会工作者们——聚集在一起是不够的,除非他们能够以使他们彼此合作的方式去思考和交谈;而那就意味着,打破他们身上传统的二元思维和言谈模式。律师绝不能简单地说,"很抱歉,你不能这样,因为法律禁止你这样做";他一定要能够解释他所援引的规则与这一规则——不仅规则,而且他和他们——只是其中一部分的整体情境之间的关系。这样做的时

① 把司法判决看作是一门"政策科学",在最近几十年,这种观点在美国主要是与耶鲁大学法学院的 Harold Lasswell 和 Myres McDougal 两位教授的著作联系在一起的。这些作家都持有所谓法律现实主义观点;按照这种看法,尽管法官在作出判决时总是援引某些法律规则,将其当作判决的理由,但事实上他们所依据的是其他的(法律之外的)一些考虑,他们所援引的法律规则不过是对这些考虑的理性化,即使其具有理性的、法律的形式。不过,在另一方面,这些作者也提出了一整套经济的、政治的、社会学的、心理学的和其他领域的"价值",认为这些价值应该能指导法官,使其具有特定倾向性。这种看法显然表明他们已超越了法律现实主义。参见 McDougal,"The Law School of the Future: From Legal Realism to Policy Science in the World Community." *Yale Law Journal* LVI(1947),1345。法学思想中"政策科学"学派的盛行恰与常被称为"司法能动主义"的倾向的显著增长相吻合。美国的许多法院,尤其是最高法院都明显表现出了这种倾向,其内容包括扩展管辖权、否决先例以及根据社会后果来作推理。对于司法上的篡取与专断的重要批评,是由哥伦比亚大学法学院的 Herbert Wechsler 教授在其 1959 年哈佛的霍姆斯讲座上提出的;见 Wechsler,"Toward Neutral Principles of Constitutional Law", *Harvard Law Review* LXXIII (1959),1。赞同"政策"与支持"中立原则"两派间的论辩,在六十年代中充斥于法律文献,并且延续到七十年代,正好像"司法能动主义"与"司法自制"之间的冲突一样,这场论辩继续分裂着司法界。

候，他可能发现，障碍并不是不可逾越的。这并非规避规则，而是在重塑情境。

使法律与社会生活的其他方面和知识的其他领域发生关联，就是要不再把它理解成认识对象，而开始把它理解为观察者也参与其中的一项事业。比如，法官不能像实验室的技术员与他正在使用的化学药剂分开那样脱离他们所审理的案件。只要有当事人（或其代理人）向他们陈述，他们就不可避免地作为个人被卷入其中。这使他们更像是——虽然不完全像——想要解决家庭纠纷一家之长。不同之处在于，法官们的介入也有公众的参与，家长们则不是。承认法官各式各样的参与，是要为达到公正判决提供一个依据。当法律的解释者不再以主体-客体的二元对立为依据，而是根据他自己对法律过程的参与看待他与法律的关系，那时，他在法律解释过程中要确定留给他的自由裁量的范围，就变得比较容易了。这方面，美国的法院遇到了很大的困难，因为，它们一直面临着司法创制与司法自我约束的两难抉择。无论“主动派”还是“保守派”都倾向于把法律规则看成是有独立和客观存在的东西；主动派要利用规则以获取渴望的社会结果，保守派则墨守规则——两者常常没有认识到，判决的过程是一个法官（用泽卡拉·查菲的话说）通过发现规则而创制规则和通过创制规则而发现规则的能动过程。[①]

综合对法律具有重要意义是如此，它对于宗教具有之重要性

---

① Zechariah Chafee, Jr., “Do Judges Make or Discover Law?” *Proceedings of American Philosophical Society* 91 (1947), 405.

也是如此。这里，新纪元就表现在传统神学学科与社会科学、教士与其他职业、教会与其他社会组织之间联系的扩展之中。这里也正在采取重要的步骤，要把基督教会的所有支派和实际上所有主要的世界宗教带入社会群体的各种关系之中。这些发展有助于形成一种新的宗教思想。人们很少因为发现表明他们把握外在研究对象的心智能力的神学公式而沾沾自喜。宗教学说的社会背景和宗教学说与它得适用于其中的社会（既是教会团体，又是政治团体）的关系，则引起人们极大的关注。

死亡与再生

新的时代是综合的时代。但是仅有综合却还不能把我们带入新的时代。我们需要信任新时代——投入这时代，获得新生。

这意味着不仅是个人的新生，而且首先是社会的新生，社会再生。它也意味着比单纯的变化更多的东西。新生，再生，是一种辄伴以特殊态度或倾向、尤其是对于时间、对于历史之特殊倾向的特殊变化。

我们的现代时间观念建立在犹太教和基督教的宗教基础上面。与其时间观是循环的和非历史的其他古代印欧民族相比，希伯来人发展出时间是延续的、不可逆的和历史的、通向世界末日的最终拯救的概念。尽管如此，犹太教—基督教的时间也包含了若干周期。它不是循环的，但可以被打断或者加快。它是渐次演进的。但是基督教添加了转变的新概念。在《新约》里面，《旧约》被改造了。基督把死转变为新的开始。赎救、皈依不仅打断历史，而且更新历史，使历史获得再生。"看哪，我让万物焕然一新"，耶稣说。它引入了一种新的历史结构，其中存在着周期性，即一个时代转变为另一个时代。[①]

基督教的新生观念建立在世界末日将临的信念上面。用诺曼·O. 布朗(Norman O. Brown)的话说，这"不是或短或长的暂时中止，而是进入不可思议之境"。

"基督教的历史观乃是生活于最后时日的观念。子民们，这是最后的时刻。整个基督教时代就在此最后审判日中"。"基督教的祈祷者为世界末日而活：最后时日可能很快到来。目的是要令此世界终结；唯一的问题是如何令其实现。在这一方面，任何差错都可能代价高昂。"[②]

尤金·罗森斯道克-休斯已经表明，对于末日、世界终结和最后审判的信仰如何影响了西方历史上的伟大革命。那些革命中的每一次都把死亡与再生的经验转化成为民族和教会的不同概念。[③] 而当基督教的末世学为十八世纪晚期和十九世纪的启蒙运动和自由神学所遗弃，世俗的末世学就取代了它的位置。"没有

① 见本书第 27 页注①。参见 Norman O. Brown, *Love's Body* (New York, 1968), pp. 201 以下。Brown 在另一本书中写道："西方古典的时间观，即牛顿的时间，是一种宗教，它像所有宗教一样，被其信徒(既有物理学家，又有经济学家)奉为绝对的客观真理。我们再次发现，'世俗之理性主义'其实也是宗教；新相对论者的时间观才真正是宗教的破灭。"见 *Life Against Death: The Psychoanalytical Meaning of History* (Middletown, Conn., 1959), p. 274。

② Brown, *Love's Body*, pp. 219, 220.

③ Rosenstock-Huessy, *Out of Revolution: the Autobiography of Western Man*.

人”，他写道，“能没有对某种最后胜利的信仰而生存。因此当神学不复存在，俗人就会自己去找寻最终依托的其他渊源”——去寻求卡尔·马克思和弗里德里克·尼采的末世学。[①]

抱有对进入一个历史新时期的可能性和必要性的信念和献身精神，这是进入历史新时期的先决条件。而只有在历史的新时期、新时代里面，才可能有整个社会，包括其宗教和法律的新生、再生。

一个社会精神上的死亡与再生，就像一个人精神上的死亡与再生一样，并不只是观念与行为的激烈改造；它也不只是意识形态和政治的大改造。它超越了信仰体系以及秩序与正义体系——它超越了宗教，也超越了法律。一个体味过这类经验的社会承认，它的生存条件是难以忍受的，它承受自己以往的失败，自甘消解；然而同时，它超越了它的过去而复生，展示出新的天堂和新的尘世，并且着手尝试着把它新的信仰作为自己的生存方式。自然，这在某种意义上是种宗教经验——而在某种意义上也是法律经验。但是，它主要不是源自宗教或法律；它出现在旧的宗教和旧的法律被摈弃之后，和一种新的宗教和新的法律被创造之前。它是佛陀在弃绝了过去，出家求道的过程中曾体验过的那种“顿悟”。它是十字架上口诵诗篇第二十二章开头诗句的基督，这首诗以被上帝抛弃之绝望开始，以世界因救世主得获救赎而告终。不仅个人，而且各个群体和整个社会都可能体验到这种绝望与顿悟、死亡与复生。

① *The Christian Future* (New York, 1946), p. 70. “使我们的文明摆脱其无可避免的沉沦的最好补救方法，就是让这种文明时时记住最后审判即将来临。”(*Out of Revolution*, p. 561)参见 Eugen Rosenstock and Joseph Wittig, *Das Alter der Kirche*, I (Berlin, 1927), 84 以下。

这便是西方教会在1075年和1517年的经验，是英格兰、法兰西和俄罗斯分别在1641年、1789年和1917年的体验。这些伟大革命中的任何一次都不仅仅是政治生活和宗教生活的变革——不仅因为它们是暴力的，也不仅因为它们改变了社会的权力结构，而且，并且主要是因为，它们是对于死亡和再生的集体心理体验。

今天，整个人类都在经历着这样的革命。我们正在经验着末日。的的确确，两次世界大战和第三次世界大战的威胁已经使人类种族延续成为问题。在另一个层面上，西方人已经走到了一个时代的尽头；他知道，他不再能够主宰世界，而且不仅如此，他深刻地反省自己的过去，他对于自己的未来完全没有把握。而在第三个层面，在西方文明内部，也在其他文明内部，社会群体正因为种族和宗教的冲突、两代人之间的冲突、两性间的冲突、人与他创造的机械技术间的冲突，以及，每个人自己内心的冲突而日渐解体。当然，每一种类型的冲突都有它自己的原因；但是在所有冲突之后，却有个更根本的原因，那就是，群体意识的失落，创立群体之能力的丧失；而这也就是死亡的体验。

与此同时，存在着再生的征兆。征兆之一是人类共同体正在缓慢而痛苦地出现。另一个征兆是地方自发性团体正在广泛形成，它们的生命虽然短促，但对于新生的体验是强烈的。

人类的“沟通”

历史上第一次，人类在一种实际意义上被联合起来了。它因为其毁灭自身的能力而联合在一起。它因为能使世界的任何一部分与其他地方发生几乎是直接联系的通讯手段而联合起来。它因为世界范围的科学与技术、因为遍及世界的商业、因为世界规模的外交系统而联合起来。它具有某些共同文化的特征。它有了一种共同法的雏形。

人类联合的观念当然并不新鲜。它隐含在圣经的创世故事里，并且在伟大的希伯来先知的生平里面、在为所有人而死的耶稣基督那里、在教导说上帝用一滴血造出了尘世所有民族的圣保罗那里、也在诸如佛陀和老子一类伟大人物的生平和教诲里面得到充分的表露。新鲜的是这种观念在日渐显现的世界性政治制度、经济制度和文化制度中的表露。这些制度正在各种战争中被锻造出来。这些战争一般仍然采取国际的形式，但实际上它们是内战，是革命战争。这完全是因为，它们是在人类共同体内部进行的，而这个社会正在努力为自己创造一种建立秩序与正义的共同方法，以及一个共同的终极价值体系。

白然，人类已经有了一种国际关系法的雏形，包括外交法、条约法、国际组织法、国际贸易和金融法、法律冲突法以及国际公法和私法的其他分支。最初是源自西方法律传统的现代国际法，现在为全世界所有国家所发展。的确，国家在相信违反国际法符合其最大利益的时候，它们不会遵守国际法；但是，假若没有一种共同的法律语言，主要强国在过去二十五年里恐怕会随时处于交战状态。认识到这一点非常重要。此外，来自世界不同国家的政府、集团和个人按照国际通行的法律准则对话——订约、解决纷争和共同调整其事务——无疑反映出一种共同法律意识，并且也强化、更新和实际上有助于创造这种共同的法律意识。

然而，人类共同体还需要更多的法律。它需要武器削减协定。它需要世界富有国家通过联合国对贫穷国家的经济发展给予实际援助的意愿。它需要世界强国愿意把它们的纷争提交公断的意愿。它还需要有更多的条约关系，尤其是以西欧国家与美国为一方，和以东欧国家与苏联为另一方之间的经济条约关系。要使社会主义中国完全加入到国际法律共同体中来也还有大量的工作要做。如果人类共同体不愿解体而陷入无政府状态，就必须采取这些和其他措施去加强国际法。

如果说人类的共同法已备雏形，它的共同宗教却几乎并不存在。事实上，人类的根本分裂正存在于其基本信念之中。当然，正好比一种共同宗教或意识形态并不能保证和平一样，如果基本的人道主义和宽容和对法律的尊重得以维系，宗教的或意识形态的差异也未必酿成分裂。但是，世界各民族间缺乏一种共同的宗教、种族和文化的共识，这种情形对法律的统一作用寄予愿望——如美国的经验所表明的那样，在那里，正是因为我们宗教、种族和文化的多样性，我们便不得不特别倚重我们对宪法和法院的信赖以保持团结。

放眼世界，只凭人道主义、良好意愿以及对于法律的尊重尚不能战胜国家、种族和阶级之神，要赋予人类一种方向感和面对未来的勇气，必须有一种共同之普遍宗教的某些要素，这一点似乎显而易见。世界需要有对于共同命运的彻底洞察，以及不同国家、种族和阶级的人民乐于为之牺牲的共同信念；它还需要有具体体现其洞见和信念的共同仪式和传统。

因此，人类生活在这个星球上，就像白克特剧中那两个站在树下等待戈多的人——有交通手段但鲜有沟通，有一些规则可依，却没有把握会被遵从。然而,这便是人类,地球人——一种新的造物。他所需之新的法律将出自(如果它真能产生的话)对各种先在概念和过程的重建("将之普遍化和强化直至它们获得新生"[①])。新的宗教将出自(如果它真能产生的话)新时代的预言家、圣者和英雄。

公 社

我们正在进入其中的新时代的第一个征兆,是各种暂时性的地方自发性团体或公社的广泛形成,仅在六十年代的后半期,就有数千这样的团体出现于美国。无论这一运动的前景怎样——它深深植根于历史[②]——它是重要的,因为它把我们时代的一种普遍

① 参见 Long, *A Survey of Christian Ethics*, p. 34。

② 见 Page Smith, *As a City Upon a Hill* (New York,1968)。这本副题为"美国历史上的城镇"的重要著作,原应该把"美国历史上的公社"用作副题。此书主要探讨"契约社区"(the covenanted community)这一概念,从十七世纪初到十九世纪末,遍及整个美国的"殖民"市镇都具有"契约社区"的特点,在史密斯教授看来,由于古老契约遭到人们的竞争、腐化和贪婪的侵蚀,许多人为了逃避这种厄运建立了新型的市镇。由美国的震教派、欧文主义者、孟诺派、傅立叶派以及其他人所创建的乌托邦公社乃是这种新型市镇的畸形变种,它们不能充当新市镇的典型代表。史密斯教授的这本书于六十年代后期的公社运动复兴之前已大部完成(导言写于 1966 年 2 月),但在末尾的脚注里还是评论了"有组织"的社区的衰微与异化问题之间的联系。由于有组织的社区不能解决异化问题,这就导致了"拟社区"(pseudo-communities)的出现,它们是由那些无力适应社会或是有个人疾患的人群所组成的。在其结论中,史密斯教授对美国的市镇作出了这样的评论:"城镇的创建者们为一个其中将灭绝贪婪、派别活动、穷困和不平等的'美好社会'的梦想所困扰。他们的价值以社会为取向而非以个人为取向。这些梦想未能实现,失败中蕴含了许多辛酸。使它更为痛苦的是这样的事实:市镇原本是更大社会的原型,是后者衡量自身的标准,它为大社会提供价值,为其塑造所应追求的理想,但是,它却渐渐开始贪图城市的生活方式,仰慕城市的成功。最后,城市版的清教伦理被人们普遍地接受,而且被讽刺性地看成是小市镇的清教伦理观自然发展的结果。"(p. 307)

特质戏剧化了:不仅在公社里,而且在普通的社会经验中,人们都在为体现于短暂而热烈的联合中的群体生活需要寻求宣泄的途径。所以,对其他许多我们乃其成员的小规模群体来说,公社是一个戏剧化的典型。这些小规模群体包括邻里、学校、大学、政治团体、教会会众、俱乐部、工厂、办公室——现在我们还必须加上"交朋友"小组、抗议组织以及类似团体。

在所有这些群体里面,美国人是匆匆过客,因为我们平均每隔五年就更换一次住所。由于普遍的离婚,也由于早早与子女分离,甚至家庭也日益是由过客们组成。尽管美国是个极端的典型,这却不是只在美国才有的现象。家庭解体、劳工流动以及迁徙的压力在大多数工业社会日渐普遍。无论在哪里,越来越多的人居住在一地,工作在一地,娱乐又在一地。无论在哪里,越来越迅速和持续的变化导致吸收和同化这种变化的心理能力日渐减弱。这就是人们恰如其分地称之为"未来震荡"的情况。

对付这种时间和空间的破碎,公社并不试图在混乱的生活之上建立秩序,而是靠在生活的一个领域里暂时地造成某种秩序,它使得生活的其他方面比较可以接受。它们试图于片刻间将此一瞬即逝的世界整个浓缩在可以说是一个单一的群体里面。公社的成员,主要是年轻人,通常不打算保留旧传统的某些残迹,如他们的父辈那样。他们一般认为旧的便是死的,他们企图通过一种全新的生活来获得再生,而这种新生活与它所隶属的社会一样是转瞬即逝的;事实上,他们的成功正是依赖于这种瞬时性。正是这种地方性共同经验强烈而短暂的性质,以及其成员加入和离去的自由,使之具有再生的力量。①

在某种意义上，这就是马歇尔·麦克鲁汉(Marshall McLuhan)所说的"新部落文化"，"地球村"。但是，旧的部落或村庄是恒久不变的，它的成员关系也是由生到死，代代相承的。在一千五百年以前的欧洲，教会靠提供另一种恒定之域而予部落和村庄意识形态以重创。僧侣弃绝了世俗世界，改名换姓，成了一个全新的人——直至永恒。婚姻也是(曾是)这样一种进入新生活的更新或再生——至于永远。"永恒"这个概念也被翻译成世俗的关系：领主与陪臣的封建关系，现代社会中连续几代或者甚至几个世纪保留在同一个家庭里面的地产，由父传子的生意或者手艺，都是世俗生活里近于永续的东西。在过去五十年里和在过去三十年里，我们大多数永恒事物业已消失。现在，我们把一切社会关系都看作是流变不居的。

从法律和宗教的方面看，公社的境遇与人类境遇之间构成极为鲜明的对照。人类尚有一种基本的法律体系和各不相同的宗教。公社通常只有基本的宗教而几乎没有共同的法律。它的宗教惯常表露于其对欢乐、惊奇、爱、美和神圣的意识之中。但是，它也

① 在 *Commitment and Community: Communes, and Utopias in Sociological Perspective* (Gambridge, Mass., 1972)一书中，Rosabeth Moss Kanter 讨论了公共生活这种短暂性的有害影响。她问道："倘若公社并不能提供稳定的关系，它们是否还真是解除美国社会所蒙受之异化的良药。"(pp. 215—216)她还说，"对于一个集团——即便是最最'松散的''自管自的'集团——来说，因为失去成员或者打算解散而面临不断的人事变动，常常会是混乱无度。"(p. 16)这些看法似乎是假定，一劳永逸地取代它只是其中一部分的大社会乃是公社的职能。当她承认(p. 217)，"最起码，某些[暂存的]公社，像交朋友小组，可能有助于在选择不同生活和相处方式的可能性方面给人们以教导"的时候，她就更接近这种观点了。

需要某种非正式的习惯法，以便维护其成员中间的和平，并且有效地用来保卫自己抵抗外部的敌对势力。（例如，一些公社的领袖收养了所有其他成员，以便在他们所在地方的分区规划要求内可能变成一个“家庭”。）自然，它的成员从外面的世界带来一些观念，如协议的拘束力，婚姻义务，对子女的责任，合理注意，审慎，个人和集体财产，以及类似的东西；而且他们也知道将来有一天要回到外面的世界。但许多公社仍然因为缺少达成协议、解决冲突和沟通合作的准则和程序而蒙受严重损害。

公社的再生经验是指，公社的成员在一段时间里完全与公社融为一体，共同面对死亡、苦难、战争和压迫，共同迎接生，共同施予爱，共同劳作服务；他们感到过去的传统业已枯竭，社会已厄运当头，但同时又心感笃定安然，似乎已脱胎换骨，重获生命。许多人会把这叫作宗教体验，但它超越了通常意义上的宗教（即把宗教看成是一种信仰和崇拜体系）。它是一种对死亡与再生的体验，这种体验可能在人遭逢幻灭、绝望或陷入冷漠之际，降临到任何一个人或团体的身上，不论他或他们的宗教或意识形态如何。

那些有过这类经验的人能向社会的其他成员提供有益的东西。尤其是，他们能告诉我们关于我们生活于其中的各种地方群体（家庭，邻里，学校，学院，会众，工厂，办公室）是如何获得新生的。这可能转而告诉我们对于我们的城市、国家和人类获得新生是至关重要的东西。其中一部分必定关系到宗教与法律的相互作用，另一部分则必与综合和再生有关。

我们再回到“阿辽沙去到尘世中生活”的题目。对神圣事物和信仰的内在体验如何被转化为分配权利、义务的社会组织和程序——反之亦然？秩序和正义怎样被内化于一个人的良心？

伊凡·卡拉马佐夫认为，社会制度依其本性必定为统计数字而牺牲个人，为一般牺牲个别，而与自由之人类灵魂有关的真正的基督教，一定是为个别而牺牲一般。但是这种二元论在伊凡是无法容忍的。他问道，一个人如何能够接受这样一位上帝，他借精神自由之名竟纵容人类践行不义，制造苦难——尤其不能容忍的是，对孩子施行野兽般的摧残？伊凡的回答是将生命交还给上帝。阿辽沙的回答则是圣洁的佐西玛神父的高行：换句话说，那是对问题的回避。对佐西玛神父来说，就好比对俄国东正教教会一样，唯一的希望是基督徒的联合，信徒的团结。在一个敌对的世界里，教会必须扮演一个受苦仆人的角色，为人蔑视，遭受拒斥，它必须通过崇拜、圣礼、基督教的谦卑生活和爱去担当真理的见证。

对西方基督教来说，无论是天主教还是新教，东方的东正教都显得过于神秘和超俗。在西方，教会在传统上把帮助改革社会制度看作是基督教的主要任务之一——不仅仅通过祈祷，也不仅仅通过示范，而且还通过采取积极的社会和政治措施。当西方有组织的宗教放弃了它的社会和政治责任，世俗组织就起而将宗教的热情注入到法律改革的计划中去了。

无论是东方的个人神秘主义还是西方的社会实践主义，看来都没有掌握开启我们时代宗教与法律相互关系的钥匙。前者太近于狂信，后者则太接近极端守法主义了。

希望就在综合的新时代；希望就在于，作为一个民族，作为一种文明以及作为人类，我们将有忍受旧时代死亡之痛苦的坚韧毅力，有对重获新生的热烈蕲望。

跋

有些读者会认为，我在前几章中对法律与宗教之间的紧张论述太少；还有些读者或许担心，当我们大肆张扬法律与宗教之间的“联姻”时，我们的成功将只能以过分尊崇一方而扼杀另一方为代价。这篇跋就是专门为上述两类读者写的。

法律与宗教之间的紧张在那样一些东方文化中间表现得最为明显，在那里，宗教基本上是神秘的和个人的，而官方的法律组织（也许部分正因为其宗教的这一特点）倾向于过分的形式主义和刻板。但是，即便在其宗教基本是法律的和社会的文化中，如希伯来和穆斯林，在其文化的神意启示方面和教会组织方面，以及神秘性与合理性之间，也存在种种紧张。或许，比其他宗教更甚的，是其神秘成分与法律成分紧密结合的基督教，它一直为恩典与公义的自相牴牾所困扰。

在现时的西方思想里面，这些二元对立已经被还原为人们广泛视作公理的普通公式。我们习惯于声称，法律处理正常状况，根据各种有关人的普遍范畴，促进“最大多数人的最大幸福”；在另一方面，宗教与一个人不可替代的人格有关，与人对超越社会功利的道德准则的需求，以及他理解生活的意义和对抗死亡的需求有关。所以，我们把法律主要看成是一种社会行为，而把宗教主要看成是个人心理方面的事情——用怀特海的话说,“关乎个人独处的所作所为”。法律可能说,你的国家需要你为她而战;宗教则可能说,我的信仰不许我这样做。法律可能说,剥夺一个病人的生命乃是犯罪;宗教则可能说,并没有适用于特定情境的规则——人必须做爱所要求的事情。

这不仅仅是法律与道德,或者社会与良心之间的冲突。这种紧张植根极深。它是道德(无论社会的还是个人的)与人的惊愕感和神恩感、与人关于他和其他世界之神通的观念、与人的归属意识之间的紧张。社会正义、平等、法律的正当程序(还有个人忠诚、正派、对邻人的爱)虽然实际上极为重要,却未必能创造出神秘、美以及关于终极目的的意识,而没有后者,则生活将是一片荒芜。人们无须拥戴极左派也可理解他们的这样一种担忧:正统革命者所造就的新的社会组织,无论比其所取代的组织正义多少,都可能只是使人的异化更加恒久。所以,宗教不仅是在人的道德义务这一层面上向法律挑战,而且它也在并主要是在人对超越的蕲望这一层面上向它发出了挑战。

这种紧张的另一方面,是需要保全法律,使它免遭不相干的并且可能是有害的宗教上考虑的干预。毕竟,无论它可能还是别的什么,法律是一种制定、解释和适用规则的高度错综复杂的程序和技术体系。这种体系未必因专注于个人的道德问题而受惠(更不必说个人精神性问题了),却可能因此受到重大伤害。的确,在正常情况下,法律应当为之服务的政策和隐含于其中的价值,应该同宗教所主张的政策和价值相一致。惯常的公式是,法律最终以道德为基础,道德最后则建立于宗教之上。[①] 但是法律在单个情境中联结政策与价值的种种方式,首先必须彼此相吻合,因为,这正是那种表明法的普遍性与客观性(这又是法的基本性质)的内在一致性。这种普遍性与客观性特质向通常与宗教联系在一起的个体性道德和精神价值提出挑战。陪审团应该听取证明原告是穷人而被告是富人,或者相反,原告是富人而被告是穷人的证词吗?因为其宗教教导说,上帝撮合在一起的人,任何人都不应拆散,一个法官就应该拒绝作离婚判决吗?法律在平等和不带感情色彩方面向宗教发出挑战。

法律与宗教之间的紧张有助于保证它们各自免遭另一方的吞并。宗教,因为立足于法律之外,有助于防止法律遭到神化;预言性宗教及其产物——预言性意识形态——乃是反对政教合一的必不可少的保障,政教合一会要求人们不仅尊重现存法律秩序,而且要对它顶礼膜拜。相反,法律以其世俗性和它对宗教的不干涉,使宗教得按它自己的方式自由发展,并因此帮助它免于律法化和最

① “在所有文化和在所有思想体系中,……什么是社会上合法的和非法的,关系到什么是道德上正当的和错误的,并且不管在哪里,道德法最终都建立在宗教制裁上面。”Christopher Dawson, *Religion and Culture* (New York,1948),p. 155。参见 Arthur L. Harding, ed., *Religion, Morality, and Law* (Dallas,1956),该书第一章题为“能够有没有宗教的道德吗?”,第二章题为“能够有没有道德的法律吗?”。不过,把道德看作是法律与宗教之间的首要联系而过分注重道德,这种做法夸大了一般规则在法律和宗教中的作用,而低估了仪式、传统、权威和普遍性的作用(见第 1 章)。普遍性的范畴与道德部分相合,但它更多强调人类的蕲求而非义务。一般说来,我反对将法律或宗教归于道德(或者归于形而上学)的做法。无论法律还是宗教都是社会生活的内容;它们各自都有其象征性的语言,并且,作为人类经验的一个方面,它们各自都有其存在价值。

终陷于僵化;只要对社会生活的管理仅限于国家的范围之内,教会就能够躲开被转变为政治组织的诱惑,而且同时,它的仪式和教义,因为没有在律法上制度化,也较少有成为偶像崇拜之对象的危险。

最后,在我们关于教会与国家分离的宪法学说里面,宗教与法律之间的紧张乃是先决条件——这个学说一方面是少数人宗教自由的基石,另一方面是大多数人的政治权力的基本保障。

虽然我们认定,法律中存在宗教因素和宗教中存在法律因素,而且,这两者不可能彼此独立地存在,我们并不否认保持法律与宗教之间这些紧张的重要性。事实上,法律与宗教之间的紧张也是它们各自内部的紧张——其组织方面与其精神方面的紧张:在法律里面,是正义与仁慈之间的紧张,一般规则与它在特殊案件中的适用之间的紧张,以及法律合理的、功利的方面与其仪式、传统、权威和普遍性的更具神秘色彩的方面之间的紧张;在宗教里面,是教会体制与精神自由追求之间的紧张,是有组织的宗教与人自由悟道传道之间的紧张。

然而,在指出这些之后,我们也认识到,虽然保持这些紧张有其必要和价值,但它们无论如何必须予以化解,否则,它们就会毁灭我们。这正是本书的出发点。一种健全的法律制度必须结合规则与自由裁量、严格法与衡平于一。一种健全的宗教制度则必须将教会职能与启示职能融为一体。一个健全的社会必须兼具健全的法律秩序和健全的宗教信仰。必须有这些对立因素的综合。

作为不同社会经验的法律与宗教的辩证统一并不排斥特定法律制度与宗教制度的分离。它只是要求承认它们最终的相互作用。在最高层面，正义与神圣同为一物，否则，不仅所有的人，而且整个宇宙，乃至上帝本身都要罹患永久性的精神分裂症。指出这一点是必要的，因为传统的智慧把这些生活的两面分离到了灾难性的程度。只有在我们把握了作为两种对立然而又是可以调合的经验领域的法律与宗教的相互依存之后，我们才算找到了特定之现存社会制度中世俗方面与神圣方面之间的微妙平衡。

此外，要重新阐明法律与宗教之间的适宜关系，承认下面这一点也很重要：今日西方人所面临的危机（与更早时代的相比）并非法律的过度神圣化，或者宗教的过度律法化；不是它们过分一体化的危机，而毋宁说是它们过于分裂破碎的危机。在美利坚合众国，我们的危险肯定更多是因为蔑视而非崇拜法律，更多是来自对未来的无可救药的怀疑主义，而不是某种庞大的、包罗万象的极权主义末世学。在历史上的另一些时期，在今日世界的另一些地方，强调法律与宗教之间，或者社会组织价值与个人精神价值之间的紧张可能有充分的理由。特别是在国家试图把特定的信仰体系强加在其人民身上的地方，反抗政治领袖这种对宗教权威的篡取，并且重申个人和团体保全他们自己的精神价值、他们自己的信仰体系的固有权利，就是非常重要的。同样，在教会想要把它的政治见解强加于社会，并且主张这些见解具有神圣性的地方，反抗宗教领袖们这种对于世俗权威的僭取，重新确认国家的独立地位，也是必要的。教会与国家、精神与世俗、宗教与法律的二元论，作为对那些主张国家统辖教会或教会统辖国家的一元论论调的应战，是可以理解的。然而在今天的美国，在西欧大多数国家，主要的危险不在于政党过度的精神要求或者宗教或准宗教集团过度的政治主张。

我们的威胁更多来自混乱而非专制，来自堕落和冷漠而非盲信。在这样的情形下，旧的二元论需要从属于一种更为复杂的统一，这种统一寻求生活的世俗方面与精神方面的相互作用，而不是它们的分隔化。

任何一种关于社会的有机理论的现实危险，是它可能被不负责任地用来使一个既定社会秩序中特定之现行法律与特定之现存正统观念神化和僵化。在法律和宗教本身不具有内在的变化原则的时候，这种危险尤其严重。而在像我们这样的社会里，这类危险的严重性要小得多，在这里，宗教传统就建立在变化的概念上面。实际上，在西方的传统里面，要求法律不断变化以变得更加人道乃是宗教的根本目的，而促使宗教持续地变化以便担负更多的社会责任则是法律的要旨所在。如果一种社会的有机理论本身是根据能动的发展进程来构想这个社会的，那它就不会去维护现状。

在美国，法律和宗教的能动性——它们变化、发展乃至死亡和再生的能力——使它们无须跨越把它们分开来的宪法上的界限就可能相互支持。制定宪法第一修正案的人差不多一定会赞同本书所持的观点：在这个国家里，法律和宪法本身都不能在宗教信仰消失以后还存在下去。正是部分因为这个缘故（而不仅仅是为了保护公民自由），他们才禁止制定任何禁止“自由信仰”宗教的法律。与此同时，他们担心，政府会偏袒一种宗教信仰或实践而轻视另一种，或者袒护宗教信仰而贬抑非宗教的信仰；因此，他们根据禁止“确立”宗教的条款，禁止政府给宗教以援助——并非所有种类的政府帮助，而是那些被认为是“确立”宗教的行为。几十年来，尤其是过去的三十年中，美国联邦最高法院根据“确立”条款，宣布政府对宗教的许多种援助是无效的。但是显然，立法机构能够采取一些措施以维护宗教之自由信仰而不一定涉及确立宗教问题。例如，它可以允许宗教组织享受课税的豁免；它可以允许对宗教事务的捐献获得免税；它可以允许牧师受雇于军队；它可以免除基于宗教的原因反对服军役的人从军的义务；它可以给予教区学校某种间接的援助；它可以提供一些项目，让公立学校的学生能利用课余时间或部分上课时间在校外获得宗教教育；它可能不会把宗教教育或念诵祈祷规定为公立学校训练的一部分，但是它可以提供有关宗教的指导——宗教史、宗教哲学、宗教文学及类似学科的课程。认为法律需要以宗教为其动力的看法并不意味着，促进宗教的责任应由人民（它正属于人民）转移至政府或法律制度一边；它只是说，政府应该通过法律提供合作，运用其合宪性权力提供一个宗教能在其中繁盛的环境。

你所说的宗教既包括真正的宗教，也包括伪宗教？是的。也包括世俗宗教？包括无神论宗教？当然。因为所有这些宗教都提出了那些根本问题——陀思妥耶夫斯基称之为“被诅咒的问题”，——那些我们的社会想要发现其完整性就不能不问的问题。所有这些宗教都培育了社会经验中的宗教方面，后者与法律一道，使我们生活于其中的不同时空浑然一体。

附录一　一种世界秩序发展中的法律与宗教*

人类在经历了两次世界大战之后已经抵达其历史上的一个转捩点，世界已经进入到一个全球相互依赖的新时代，地球上的居民有着一种共同的命运，这是一个已经最终深入大多数人们、包括大多数国家政治领导人的意识当中的历史事实、政治事实、经济事实和社会学的事实。我所知道的对于这一新的世界情势最好的简短的描述，出自令人称奇的新的苏联领导人戈尔巴乔夫（Mikhail Gorbachev）最近的两次讲话，先是他 1987 年 11 月为纪念布尔什维克革命 70 周年发表的致词，之后是他发表的与里根（Reagan）总统 1988 年 5 月访问莫斯科有关的评论。戈尔巴乔夫的这些陈述可以被用在这里作为本文的第一个部分。他在 11 月的讲演中说道：

> 今天的世界虽然陷于深刻的矛盾，世界各国之间存

* 本文译自 Harold J. Berman, *Faith and Order: The Reconciliation of Law and Religion*, ch. 12 (Scholars Press, 1993)。该文原系作者于 1988 年宗教社会学学会五十周年纪念会上所作的 Paul Hanley Furfey 讲座演说，首先刊于 *Sociological Analysis: A Journal in the Sociology of Religion* 52 (1) (1991)：27—36。

> 在重大差异，但却相互联系、相互依赖，成为一个完全不可分割的整体。这是因为存在着世界经济纽带的国际化、科学技术革命的包容性、信息和通讯传媒扮演的全新角色、地球资源的状况，以及，影响到所有人的发展中世界彰目的社会问题。然而，主要问题却是人类种群的生存问题。因为，核武器的出现和使用核武器的威胁业已使人类的生存成为问题。[①]

在欢迎里根总统的宴会的祝酒辞中，戈尔巴乔夫再次谈到一个新的全球相互依赖的时代。“在两个千禧年之交”，他说，“因为一种对于人类命运的共同责任，历史已然客观地把我们这两个国家连在了一起”。稍后他又说：

> 这里，在古老的克里姆林宫墙内，在这可以感觉到历史触摸的地方，人们受到感悟去省思人类文明的多样性和伟大。愿此赋予将在这里举行的苏-美会谈更加伟大的历史深度，将一种人类共命运的意识注入这些会谈之中。[②]

在里根的访问结束之际，戈尔巴乔夫又一次谈到“全世界公

---

① Mikhail Gorbachev, “The Nation's Road from 1917 to Now: The Leader Takes Stock”, *New York Times* (Nov. 3, 1987): A 11—13.

② “Transcript of Reagan and Gorbachev Remarks”, *New York Times* (May 30, 1988): A 6.

众，全世界共同体”，说它们欢迎由两国领导人达成的作为“一扇……通向……没有暴力的世界……的门……”的削减武器协议。[1]

戈尔巴乔夫对人类历史的述说出于马克思主义的传统，他对全球相互依赖的强调也是基于1950年代以来历届苏联领导人的说法。自然，人们可以发现第二次世界大战结束以来西方政治领导人那些类似的（虽然并不总是雄辩的）陈述。但是，一个坚定的列宁主义者谈论“两个千禧年之交”实在是不同寻常。他并没有谈从封建主义到资本主义到社会主义的人类进步。相反，他暗示人类正在进入基督纪元的第三个千禧年。

所有人类有着共同的命运，我们生活在“一个世界”里，这一事实是一个已经最终深入到大多数地球居民意识中的真理。但是这一真理一直很难渗入被在大学里教授的社会科学和人文学当中。它肯定还没有进入到无论法律研究还是法学院的课程当中。

我们的法律教育和法律文献——让我从这里开始——大多都不可思议地狭隘。当我们教授和撰写刑法、契约法、宪法、行政法和其他各种部门法的时候，我们讲的和写的差不多完全是现时的美国刑法、美国契约法、美国宪法。自然，在那些主要法学院的边缘，也有一些法国和德国法、苏维埃法、中国法、日本法以及偶尔其他国家法律制度的课程，但是甚至就在这些地方，也只有少数人敢于冒险以系统方式去比较各个不同国家的法律制度，确定它们之

① “Gorbachev's Words: ‘Soviet - U. S. Relations on Healthy Track’”, *New York Times* (June 2, 1988): A 18.

间的异同，说明为什么如此以及对世界所产生的影响。对或许可以正当地称之为人类法或者世界法的那部分法的研究，大多被局限于国际法的各个分支上。但是这些国际法的分支相当地专门化，而且整体而言，从中得出的关于正在出现的世界秩序的性质的见解并未渗入到法律教育和法律研究当中。此外，国际法通常被主要从美国的观点来讨论，重点是在美国的利益如何受到国际法影响。因此，这类课程不过预示了一个未来的时代，那时美国的法学院——其他国家的法学院也一样——将变成并非“美国法”的学院，而是“法”学院，“法”则被理解为人类法，它肯定包括美国法但是超越了美国法。

同样，我预见有一个时代，其时，历史将不再被仅仅当作民族的历史来理解和研究，而是被视为人类的历史，自然，它包括但是超越了各个民族的历史。

在这方面社会学已经开其端绪，先是试图发现和解释各不同社会所共有的社会变迁模式的社会理论，最近则是世界体系的社会学。我期盼着有一天这两个学科——社会理论和世界体系的社会学——能结合在一起，那时它们会比其中任何一个学科现在所做的更多地专注于正在形成的人类法，以及任何一个这样的法必得由其中得到激励和支持的基本信仰。

不幸的是，社会理论——如果我没有弄错的话，它是社会学中系统研究法律性质的两个学科之一，另一个学科是法社会学——一直为一种韦伯式的法律概念所支配，这种概念不适宜用来分析正在出现的世界秩序。或许部分地因为这个原因，那些开始把系统理论应用于世界秩序和谈论世界体系的社会学的社会学家，几乎从未讨论世界体系的法律的方面。

让我先略陈我认为是流行法律概念的谬误。这会把我带去对宗教的讨论,因为对法律之宗教面的遗漏,接近于我所说的法律概念谬误的核心。这样,最后我便能够讨论被恰当理解的世界秩序发展中的恰当理解的法律问题和恰当理解的宗教问题。

流行的法律概念,包括流行的社会学的法律概念,始于一个视法律为规则体系的法律定义,它们通常在制定并以暴力惩罚来实施这些规则的政治权威的意志或者政策中发现其最后的渊源。这即是法律理论中所谓实证主义学派的法律定义,这个定义为韦伯(Max Weber)所接受。韦伯把国家定义为"在一个特定疆域内(成功地)主张**对合法运用物质暴力之垄断**的人类共同体",[1]而把法律定义为"一种……靠由**一群专人**实施身体的和心理的强制以保证顺从或对违法者施以报复的可能性而得到外部保障的秩序"。[2]他把当代社会中居支配地位的那种法定义为一种正式规则体系,它由国家自上而下地制定和实施,具有合理的一致性,并因此提高科层制经济和政治体系中的可预测性和可计算性。这一法律概念令甚至想像一个受法律支配的世界社会也几乎是不可能的;事实上,一个受韦伯的形式合理类型法律秩序支配的世界社会将是一个灾难,一件可怕之事。

在这方面,我可以提到卢曼(Niklas Luhmann)的一本重要著作《一种法的社会学理论》。卢曼把"一个社会系统中的法"定义为

---

① Max Weber, *From Max Weber* (New York,1958),78.

② Max Weber, *Economy and Society* (Berkeley, CA, 1978), 34.

“恰如其分地概括(generalise)规范的行为期待”。他抛弃了韦伯对强制性秩序的要求,但把能够提高和保证期待的规范一般化(generalization)作为核心要求保留下来。[①] 这个定义所遗漏的,是法律行动者——立法者、法官、行政官,以及在非官方层面,契约和其他形式法律关系的当事人——于其中分配权利和义务从而解决冲突和创造合作纽带的法律过程。法律不仅仅由规则或者“规范一般化”构成,它也包括规则的适用。正如康德(Immanuel Kant)所言:“没有适用一个规则的规则”。有着类似正式法律规则的国家可能有大不相同的法律制度。卢曼的定义中所遗漏的,还有法律正义的理念,一个为历史上所有法律秩序以不同形式宣明的理念。

卢曼的法律概念既如此狭隘,他未能认识法律在一个世界社会中的作用,也就不足为奇了。他清楚地描述了一个世界社会的形成,对社会学家们一般都忽略了这一变化的事实表示痛惜。他所列举的构成新的全球社会的因素,与戈尔巴乔夫提到的相仿,包括全球经济相互依赖、全球的通讯渠道、通用的科学和技术、以及全人类同归于尽的可能性。“一个相互联系的世界历史已经形成”,他写道,但他又争辩说,这并不能导向政治统一,而且“那些只能在一个全球社会的层面上解决的问题……因此不再能以法律的形式加以解决”。[②] 我认为这是一个不寻常的甚至可笑的说法。

---

① Niklas Luhmann, *A Sociological Theory of Law* (Boston, MA, 1985), 77—78.

② 同上,页256。

卢曼用了几页篇幅想要说明，政治和法律——在欧洲“直到最近都是社会演进的最重要的风险承受者”——无法在一个世界社会的演进中产生重要作用。[①] 但是他的全部论辩都建立在一个实证主义的法律定义之上，这个定义把法律看成是用来提高在一个统一的政治国家里期待的可预期性和可计算性的一套规则体系。

无论古典韦伯式的还是卢曼修正过的韦伯式的关于法律性质的定义都不能恰当地解释世界法的实际发展。比如，它解释不了这样一个事实，即被法律实证主义者视为其管辖范围内法律规则唯一渊源的国家本身，其作为国家的特征乃是源于它在国家之国际共同体中的成员资格。任何拥有武器的人群的联合，如果愿意，都可以用那些武器去打击他人或者保卫自己和在其疆界内维持一种统治系统。但是要主张统治的**权利**和自卫或者打击的**权利**，主张一个“国家”的权威，就要承认有一个超越国家和界定国家资格的法律秩序。

国际公法不只是世界秩序的一个前提，也是创造和再造世界秩序之过程的一部分。各国不断地相互商谈以建立互利和互相负责的法律关系：在以一种“法律方式”而不是“暴力方式”解决冲突的意义上，这本身就是“法”。在联合国登记的国际条约和公约超过了两万件。虽然国际的司法和执行力量不强，这类条约和公约却被普遍承认在“法律”这个词的完全意义上构成了国际法。

现在，联合国有大约五百个负责执行可以恰当地名为联合国法的法律的政府间组织。这一套法律间接出自国家之间的条约和

① 同上页注①，页 259—264。

公约，而在此之外，它也直接来自可以被称为联合国本身之共同法的法律。这是一种世界政府，不是拥有世界警察或者世界军队意义上的世界政府，而更像是我们革命战争之后根据《邦联条例》建立的那种弱的联邦政府。

倘若把国际条约和国际公约视为一种国际立法，把联合国看成是一种国际执行和行政机构，视国际法院为一个国际司法部门，那么，我们可以说，20 世纪末正在发展的世界秩序确实拥有法律制度，虽然是弱的法律制度。我们可以把这些制度看成是实证法，即由构成世界秩序的民族国家的代表们制定的法律。

世界秩序也有若干法律原则，其最终渊源是被普遍承认和接受的正义观念。这类原则的最佳事例也许能在那几部人权公约——联合国《公民权利和政治权利公约》和联合国《经济、社会和文化权利公约》——中看到。作为国际条约，这些公约就是实证法。然而其内容却是自然法：它们订立了关于自由、平等和福利的广泛原则，其含义不能够由这些文件本身得出，而只能出自赋予这些文件以活力的被普遍分享的正义观念。也像世界法的情况一样，对这些公约的执行也是弱的。尽管如此，执行是存在的。比如 1988 年 7 月，设在哥斯达黎加的美洲人权法院在一桩由私人提起的诉讼中作出一项针对洪都拉斯政府的判决，要求该政府对其先前所谓“失踪”政策的一名牺牲者的亲属予以赔偿。洪都拉斯政府为自己的行为辩护，但是输了案子。它答应遵守法院作出的无论什么样的判决。[①] 这里还可以提到国际人权法得到执行的许多其他重要事例，自然，也有许多更重要的反面事例。我要强调的重点是，人权公约里隐含的是这样一种承认，即虽然具有种种多样性，整个世界或者全人类不仅分享着有关人类尊严的共同信仰，而且还有着借一种立于单个国家法律之上的法来保护人类尊严的共同关切。

从长远看，比实证法和自然法——世界秩序发展中法律之重要性的一个指示器——更重要的是习惯法。讲超国家的习惯法，我想到的特别是，虽然不仅仅是，产生于民间超国家共同体的实践和行为规范的普遍法律规则、法律程序、法律制度和甚至一种共同的遍及世界的法律意识在逐渐生成。在可以引用的许多事例中，我要举出与进出口合同、提单和其他可转让的所有权文据、海上保单和凭单、汇票、信用证和类似商业票据有关的一个超国家商业法的成长。主要是基于习惯与合同，这部分法律在全世界或多或少是统一的。这是由进出口商、船主、海险保险商、银行家和其他人构成的超国家共同体的法，这个共同体在欧洲的历史可以追溯到十二世纪，而在二十世纪，它不只是西方的，而且也成为遍及世界的共同体。它因其参与者之间无数次的谈判和交易、因其自治过程，包括它自己的通过调解和仲裁解决纠纷的程序，而结合在一起。这是一个管理世界贸易的世界法，它据以发展的基础，基本不是民族国家的集体政治意志（如实证主义理论所要求的），也主要

① 见 Stephen Kinzer，"O. A. S. Tribunal Finds Honduras Responsible for a Political Killing"，*New York Times* (July 30，1988)：A 1，6。

不是一种表达被普遍接受的程序和实质正义的标准的道德秩序(如自然法理论所假定的),而主要是一个共同体的生生不息的共同历史经验。引用历史法学派奠基人、伟大的十九世纪德国法学家萨维尼(Friedrich Karl von Savigny)的话说,这是"首先因习惯和民众的信仰、然后因法学家的活动——因此到处都是因内在的无声运行的力量、而不是因一个立法者的专断意志"①而得以发展的一套法律。

也许我应当补充一句,在习惯的商事法发展的较晚阶段,它有时已经被民族国家编纂为法典,有时因为民族国家的法律彼此相去太远而为国际公约所编订。

但是读者会问——我**希望**读者会问——这与宗教有什么相干?

如果单从实证主义的立场把法律看成是由政治权威所制定和由强力制裁所支持的规则体系,我们自然不会把法律与宗教联系在一起。基于那种看法,甚至是在建立了教会或者声称具有宗教使命的民族国家,要把**国家**法与宗教联系在一起也是困难的。

法律社会学家通常认为,存在于早期社会的法律与宗教的联系在现代被切断了。他们把韦伯式法律的"合理性"模式与"世俗"模式联系在一起。现代国家的法律,他们说,不反映终极意义和生活目的的任何含义;相反,其任务是有限的、物质性的、非人格的——安排完成若干事情,让人们依某种方式行事。在社会学文献也在

① Friedrich Karl von Savigny, *Vom Beruf unsrer Zeit fur Gesetzegbung und Rechtswissanschaft* (Heidelberg, 1814), 13—14.

其他文献中，法律人就像其兄弟经济人一样被描绘成使用其头脑、压抑其梦想、信仰、激情和对终极目的之关切的人。同样，法律制度整体上也像经济制度一样，被看成是一架巨大而复杂的机器，韦伯式的科层制，其中，单个零件根据特定刺激和指令完成特定功能，而与整个事业的目的无关。

然而**在所有的社会里**，法律本身鼓励对其约束力的信仰。它要求人们的遵从，不只诉之于被要求服从法律的人们的物质的、非人格的、有限的、合理的利益，而且诉诸他们对超越社会功利的真理和正义的信仰——这并不符合流行的理论所提出的世俗主义和工具主义的形象。

说法律与宗教关系密切，说它们相辅相成、互相作用，要求不仅有一个宽泛的法律定义，也要求一个宽泛的宗教定义。如果宗教被仅仅视为与超自然相关的一系列教义和实践，那它也很容易被孤立于包括法律在内的生活的其他方面。但是如果着眼于涉及生活目的和意义的共同直觉和信仰，着眼于关乎创造与救赎、超验价值、人类本性与命运的共同情感（以及共同思想）来定义宗教，那么，就很难把法律关系、法律过程和法律价值排除在其范围之外。

在现代法律制度中，法律与宗教的相互作用首先反映在法律的**仪式**里面——法律的庄严语辞、法律程序的仪规、我们传统中法律对誓言的倚重；其次是法律对传统的依赖，它对过去的延续和它那生生不息至于未来的意识；第三是它对权威的诉求，不管是法院的权威还是统治者的权威、先例的权威还是制定法的权威，或者，在我们这里，成文宪法的权威；第四是其**道德普遍性**，是它的公理式的自辩——罪行要受到惩罚、侵权应受到补偿、契约应当被遵守、政府应当尊重个人的德行等等,而这不仅仅是出于实用主义的或者功利主义的或者哲学的理由,而是为着宗教的理由,也就是说,因为一种包罗万象的道德本体、一个宇宙中目的的缘故。

因此,法律被赋予神圣性,没有这种神圣性,法律便失却其力量。没有神圣性,任何强制都将无效,因为强制者本身会腐败。这种神圣性就是法律的宗教向度。

在基督教的西方,在穆斯林世界,在犹太教传统中,这种神圣性因为神学教义和教会权威而得加强。在其他一些文化中,情形也是如此。然而,在正在形成的世界秩序中,并没有共同的世界性的神学和全球教会,那么,什么是世界法之神圣性的渊源呢?

一个回答是:世界现存极具多样性的历史的宗教传统即是世界法神圣性的主要渊源,就好像在政治方面,现存各民族国家乃是世界法之合法性的主要渊源一样。另一个回答则是:广义上的宗教也存在于世界范围。大多数宗教都共有某种宇宙合法性(lawfulness)和人类一体性(unity)的观念。“金箴”(The Golden Rule)*——一个主张平等的规则,以同等尊重待所有他人——存在于大多数宗教。对于不服从合法权威、不法杀戮、偷窃、违反性习俗、假证和欺诈存在一种普遍的厌恶,而这不仅仅是出于理性的反对。

说宗教是世界秩序的一个渊源并不是要否认它也是世界失序

* 又译为金规则,其基本内容见于世界各主要文化和宗教,如《马太福音》第7章12之“你们愿意人怎样待你们,你们也要怎样待人”,或《论语》所谓“己所不欲,勿施于人”等。较详的论述,参见拙文“说‘抵’”,载拙著《法意与人情》,中国法制出版社,2004。——译注

的一个渊源。宗教狂热破坏世界秩序，对此无须举出事例。非狂热的宗教信仰也可能阻碍对政治问题的合理解决。宗教并不必定是好的。法律也不必然是好的。世界秩序也不必然是好的。但是如果我们问：法律和宗教在世界秩序发展中各自的作用是什么？有一点似乎是清楚的，即无论好坏，形成中的世界秩序需要、而且在某种程度上正在接受法律和宗教的支持；也就是说，它需要而且在某种程度上正在接受用以分配权利和义务的一个结构、一种程序，以及与之相关的对超验价值的共同直觉和献身。其次，这些需要只能随着共同体——经济的、文化的、政治的等各种共同体——的形成而逐渐得到满足，这些共同体超越国家边界，成为跨越许多世代的由一种世界秩序到一个世界社会再到一个世界共同体的逐渐过渡的基础。

世界社会部分地将由而且正由各种经常是彼此敌对的不同共同体和利益组成。国家的、种族的、宗教的、意识形态的、基于阶级的、基于性别的和其他种对抗无疑将继续存在。二十世纪新的发展在于，我们所有人都被牢牢锁定在一个地球上，无法分开。所以，问题就变成：我们怎样才能调和对抗各方？我们如何创造一个共同的未来？每一方都能够由其他方借取补足其不足所需的品质吗？

这里，法律与宗教各自和共同扮演着关键角色。我从未主张国家法制现存的多样性能够或者应当被消除，或者，现存的多种多样的宗教应当让位于一个设立的世界宗教。我相信，那会是最糟糕的可能的结果。因为在专制和无政府状态之间，我宁愿取无政府状态。我们的一个世界，是且必须是一个多元的世界，一个有许多不同的民族、种族、行为和社会制度的世界。但它也必须是一个世界。*E pluribus unum*。既为多元，又是一个。

我们所面对的抉择是，或者耽于各种力量之间一种不稳定的国际平衡，只有相对初级的具普遍性的法律和宗教资源，或者，在另一方面，慢慢重塑和调和世界上现存的各种不同的互相冲突的集团和各种不同的利益。

时间与世界秩序。我们确实如戈尔巴乔夫所说处在人类历史的一个转捩点上，即第三个千禧年。世界已经进入一个新时代，一个四十多年前被一位预言家 Eugen Rosenstock-Huessy 称之为地球人(Planetary Man)的时代。[①] 关键问题是，他或者她要成为什么样的人。

将系统论应用于正在形成的世界秩序的社会学家忽略了它的动态因素，尤其是它的时间维度，特别是其生生不息的性质，它未来的发展。在我看来，这部分是因为他们没有把自己置于其所研究的社会之中。他们客观地称量、度量和计数构成现存世界秩序的各种因素，却没有提及他们自己即是其中一部分的正在形成过程中的世界社会和它最终必定要成为的世界共同体。他们是事实上已被不仅哲学而且自然科学本身证伪了的笛卡儿假定[*]的牺牲品。我以为，这已经导致他们对一种世界秩序发展中法律与宗

① 参见 George A Morgan, *Speech and Society*: *The Christian Linguistic Social Philosophy of Eugen Rosenstock-Hussey* (Gainesile, FL, 1987), 70。

* 这里所指的是那种假定思维主体可以完全外在于其所感知的客观实在的二元论思想，笛卡儿的名言“我思故我在”就是这种二元论思想的浓缩形式。参见本书第 4 章。——译注

教——我称之为**时间**科学——之作用的忽略。对法律与宗教各自作用的分析帮助我们理解了，一方面，世界秩序各构成要素之间的冲突能够**在时间中**被调整和解决的种种方式，那就是法律；和另一方面，关于我们不断变化的经验的终极目的和意义，即**在时间中**关于经历死亡与再生的历史本身的终极目的和意义的基本信念，那就是宗教。

我批评了社会学家——某些社会学家。我必须补充修正说，Frank Lechner 在一篇将要发表的文章里承认并且哀叹这样一个事实：法律在世界体系的社会学中被忽略了；不单如此，社会学"关于全球秩序的反思"，必须把不仅共时的向度，而且"历时的方面，一个全球性**思想和实践**的传统——无论它怎样为冲突所苦——的存在"考虑进去。他最后总结说："用社会学的方式去思考并且试图表明一个全球的开放社会是一种可能的世界秩序，这可能正是一个信仰行动。"

我还想提到一位伟大的**老辈**社会学家托克维尔（Alexis de Tocqueville）的著作《美国的民主》。托克维尔在该书中反复强调法律和宗教在把广袤的美洲大陆上各不同民族结合在一起，以及在给予他们一个关于其未来的憧憬和实现这一憧憬的方式等方面的重要性。托克维尔着眼于美国以及实际上世界的长远未来研究和解释美国社会。我想，我们在研究和解释这个新的全球时代（planetary age）时也必须如此。在这个时代里，民族国家和世界各民族面对一些十九世纪早期的美国人曾经面对过的同样的问题。

认为法律和宗教在它们里面植入了一个包括过去时代和未来

时代的时间向度，这是错误的吗？如果没有错，那么我想，说在开展对世界秩序发展的研究中法律社会学和宗教社会学能够由相互接触中获益；以及，更进一步，说这二者必定对时间因素——不仅包括人类的昨天和长久的过去，也包括其明天和长久的未来——变得敏感，那也是不会错的。

附录二　千禧年视角下的西方法律传统：过去与未来*

能够跻身于过去 65 年间担任过 Edward Douglass White 讲座的杰出学者之列，我深感荣幸。我的题目是西方法律传统，它的过去与未来，我将从一个广阔的历史和哲学的角度来审视这一传统。

在第一部分，我将讨论西方法律传统的演进，从它在十一世纪晚期和十二世纪的起源，直到发生在德国、英国、法国和美国的巨大的民族国家革命。在第二部分，我要讨论西方法律传统在二十世纪的危机，包括俄国革命和两次世界大战的影响，以及当我们进入一个新千年时西方法律传统的未来。在这个当口，一个多元文化的西方、东方、北方和南方正着手锻造一个新的世界法的传统。第一部分集中于历史，第二部分则转向预言。

---

* 本文译自作者 1999 年 10 月 26 日和 27 日在路易斯安那州立大学 Paul M. Herbert 法律中心 Edward Douglass White 讲座所作的讲演。本文注释由作者事后增补。作者对 Emory 大学法与历史研究助理小 Charles J. Reid 所作的帮助表示感谢。

一、历 史

首先，我要说明我使用的“西方”、“法律的”和“传统”这三个词的含义，尤其是当这三个词被作为一个单一的概念和现象放在一起使用的时候。

我所谓“西方”，是指历史上发展出来的西欧各民族的文化，这些民族从十一世纪晚期到十六世纪共同效忠于罗马天主教的教皇等级制度，从十六世纪到二十世纪则经历了一系列国家革命，其中每一次革命都在全欧洲引起反响。我用的“西方”这个词也包括这样一些非西方民族，他们因为殖民的缘故，或者像在俄罗斯，因为宗教、政治和文化上的亲和关系和互相交流的缘故，最终被带入历史上发展起来的西方文化之中。

我用“法律的”一词，指十二世纪以降在西方发展起来的实证法和法学，那些具有共同历史基础、共同渊源和共同概念的法律体系。第一个这样的法律体系是罗马天主教的教会法。教会法部分由罗马教皇和教会宗教会议制定，并由一个等级制的教会法法院系统实施，在新教兴起之前，它统辖着从英格兰到波兰、从斯堪的纳维亚到西西里的西部基督教世界的每一个人。它也是源于同一时期和在当时逐渐发展起来的王室法、封建法、市镇法和商事法等世俗法律制度的模范或者衬托。有大约四百年之久，这些世俗的法律制度与教会法在欧洲所有地方都比肩而立，它们彼此也杂然并处。随着十六和十七世纪各国的新教革命，各式各样共存的管辖权实际上国家化了。尽管如此，直到二十世纪后半叶，一国之内多元管辖和多元法律的存在仍然是西方法律传统的重要特征。

所谓"传统",我指过去与未来之间那种延续性的意识,就如伯克(Edmund Burke)所说的那种代际之间的合伙关系,返身向我们的先祖寻求向未来世代行进的启示。[①] Jaroslav Pelikan 曾以这种对传统的忠诚与泥古**主义**(traditional*ism*)相对照。他写道,泥古主义是对生者的死的信仰,传统则是对死者的活的信仰。[②] 前者仅仅是对过去的重复,是为历史而历史,是历史主义(historicism),全不同于我所谓的历史**性**(histor*icity*),即改变以往的经验以解决新问题,一种历史延续性的意识,一种生生不息的观念。

你们会问,你们也**应当**问,首先,研究我们法律制度的历史根源为什么重要?其次,即使这**的确**重要,为什么要回溯九百年?再次,即使**这**也很重要,为什么要回到教会法以及各欧洲民族国家法律体系的发展——为什么我们美国人不紧紧抓住美国法在早期英国普通法中的根?我希望在我们开始考虑二十世纪西方法律传统的危机以及它在下一个千年里的未来的时候,对这些问题的回答会变得显而易见。不过,让我先对这三个问题做一些非常简单的回答吧。

首先,了解我们法律制度的演进以便了解它们所**是**,这一点很重要。倘若不知道这些法律制度如何成为它们今天之所是,我们便无法理解它们现下的情形。正好比不了解我们如何成为今天的

① 一个民族,Burke 写道,"不仅是生者之间的合伙,也是生者、死者和未来人们之间的合伙"。Edmund Burke, *Reflections on the Revolution in France* (1790), in 2 *Works of Edmund Burke*, 368 (London, 1854)。

② Jaroslav Pelikan, *The Vindication Of Tradition*, 65(1984).

样子，我们便不能够了解我们自己是什么样的人。让我引用霍姆斯(Holmes)的一段名言："要了解[法律]是什么，我们必须知道它曾经是什么，以及它将要变成什么。"[①]就像它们是其中之一部分的社会一样，活的法律制度不只存在于空间，而且也存在于时间之中，而在时间中，它们便既有过去也有未来。这两者——它们的过去和它们的未来——互相依赖、密不可分。我们的历史乃是我们的群体记忆，无此，则我们作为一个群体便会迷失。倘若仅仅生活在当下，我们便遭受记忆阙失之苦，一种社会健忘症，不知我们来自何处，去往哪里。

其次，我们今天回顾过去九个世纪是重要的，因为我们的法律制度正是在九百年前初次成形；西方法律传统正是那时开始孕育；其未来发展的种子也在那时被播下；在二十世纪已进入一个至关紧要的转捩点的那段历史正是那时开始展现。我们需要一种长时段的视角来理解现下正在发生的重大变化的长期特征，和预见长时期的未来。

最后，对我们来说，把我们美国法的发展追溯到美国所继承的英国普通法在十二世纪的起源，这无疑是重要的。而且，从这些起源追溯英国普通法的历史发展，直到英国法在英国的美洲殖民地通行的十七和十八世纪的那些革命性变化，也同样地重要。然而，在英国和美国的法律编年史中失掉的，却是英国法和美国法同与之并行的其他西方国家法律制度的发展之间的紧密联系。至迟到1765年，布莱克斯通(Blackstone)已能在他的名著《英国法释义》

---

① Oliver Wendell, Holmes Jr., *The Common Law*, 1(1938).

中写道,下列各种法律通行于英格兰:自然法、神法、万民法、英国普通法、地方习惯法、罗马法(教授于牛津大学和剑桥大学),教会法、商事法、制定法和衡平法。[①] 正如伟大的英国法律史家梅特兰(Frederick Maitland)所言:"所有西欧国家都拥有一个共同的法,正是这样一个观念令布莱克斯通完成了以理性方式叙述英国法的任务。"[②]我还要补充一句,直到二十世纪早期,布莱克斯通的《英国法释义》经常为美国法的学生们研习。事实上,至少迟至1897年,耶鲁法学院还要求学生们研读此书。[③] 而据一位毕业于Wake Forest的先生所告,直到1930年代中期,至少还有一所美国法学院,即Wake Forest,有此要求。

自然,恐怕没有必要提醒一个路易斯安那的听众说,美国不仅从英国而且从其他欧洲国家继承了其法律中的重要部分。我想到比如Shael Herman教授的近著《路易斯安那民法典:美国承受的一笔欧洲遗产》。[④] 我还注意到最高法院大法官Edward Douglass

① Willam Blackstone, I *Commentaries on the Laws of England*, 3—37 (1765) (reprinted, 1966). Cf. Harold J. Berman, *Law and Revolution*: *The Formation of The Western Legal Tradition*, vii (1983).

② William Blackstone, I *Commentaries on the Laws of England*, 3—37 (1765) (*reprinted*, 1966). Cf. Harold J. Berman, *Law and Revolution*: *The Formation of The Western Legal Tradition*, vii (1983).

③ 见 Arthur L. Corbin, "Sixty-eight Years at Law", 11 Yale L. Rep., 20, 21 (1965)

④ 见 Shael Herman, *The Louisiana Civil Code*: *A European Legacy for the United States* (1993)。Herman教授认为路易斯安那民法典基本上是法国法律思想的产物。其他学者则证明西班牙法对该法典条款内容有实质性影响。参见 Robert A. Pascal, Book Review, *Louisiana Civil Code*, *In* 54 *Louisiana L. Rev.*, 827(1994)。

White(本讲座正是为纪念他而设)在1896年的Hovey诉Elliott一案中发表的不同凡响的意见,他详尽地讨论并且援引了与一个人在因藐视法庭而受到惩处之前享有的权利有关的教会法和罗马法学说。[①]

然而,在过去的两个世纪里,几乎没有例外,我们都成了越来越国家主义的法律史编纂的牺牲品——不仅在英国和美国,而且在整个西方。只是在最近几年,欧洲的一些大学重又开始教授跨越国界的欧洲法律史。西方各国正重新走到一起!而当我们的美国法教师讲授美国法时,他们不应该至少**提到**路易斯安那的民法典?难道路易斯安那不是美国的一个州?如果教授所谓准契约,我们不应当至少提到这是一个罗马的法律术语,它不仅被用于英美普通法上的合同,而且应用于教会法和罗马法上的不当得利学说?在讲授《联邦民事诉讼规则》的时候,我们不应该将其基本原则追溯到由英国历史上的教士大法官*取之于罗马教会之教会法的英国衡平法学说吗?这样的事例实在是多得不胜枚举。

在这个简要的引言之后,现在让我试着把西方法律传统的兴衰史做一个同样是极为简要地总结。

1. 西方法律传统在1075—1122年间罗马教皇体制革命中的起源

这首先是一部教会权限与世俗权限分离的历史,最初由一场十

① 见 *Hovey v. Elliott*, 167 U.S. 409(1897)。

* 大法官(chancellor),又译为掌玺大臣,直到十六世纪以前向由教士充任,掌衡平法。所发展衡平法,其资源多取自教会法,亦间接取自罗马法。——译注

一世纪晚期和十二世纪早期的革命性运动而完成。它旨在将罗马教会从对皇帝、国王和封建领主们的屈从地位中解放出来，并且建立一个教皇治下独立的教士等级，包括一个旨在解决纠纷和执行教皇法令的专业的等级制教会法院。教皇格列高利七世领导下的时人所谓"格列高利改革"，或者后来人们所说的"授职权之争"，或者现在人们所说的"罗马教皇体制革命"，因一场遍及全欧且持续差不多五十年（1075—1122）的内战而著称。[①] 全欧罗马教会成为最早的近代国家。它建立了一套法律，这套法律在 Gration 于 1140 年完成的名为《矛盾教规之调谐》的宏伟论著中得以系统化。[②] 这是第一部近代的有关一整套法律的系统论著，并且被作为教会法的权威论述而得到采纳。在接下来的一个世纪里，它也被有关英国法、德国法、法国法和其他地方世俗法律体系的权威论著奉为楷模。[③]

世俗法主要涉及王室、封建和地方管辖下的事务，尤其是关乎财产和暴力犯罪的事务。教会法的范围则远为广泛，它管辖所有直接与教士有关的事务，包括不仅教会权限事务和教会财产，而且还有许多明确涉及俗人的事务，包括婚姻与家庭关系、道德过犯、

---

① 见 Berman，*Law and Revolution*，同本书第 141 页注①，页 94—107。

② 同上，页 143—148。又见 Gratian：*The Treatise on Laws with the Ordinary Gloss*（Augustine Thompson，O. P. and James Gordley，trs.，1993）（翻译 Gratian 关丁法律的性质和功能的论著）。

③ 这类著作的较早的例子是 Glanvill，*Tractatus de Legibus et Consuetudinibus Regni Angliae*（ca. 1187）。较晚的例子有 Bracton，*De Legibus et Consuetudinibus Angliae*（ca. 1250），Eike von Repgau，*Der Sachenspiegel*（ca. 1225），Beaumanoir，*Coutumes de Beauvaisis*（ca. 1283），和西西里的诺曼王国的 Liber Augustalis（1231）。对这些著作的讨论，见 Berman，*Law and Revolution*，同本书第 141 页注①，pp. 457—459，503—505，473—480，and 425—434。

教育和济贫。事实上，俗人经常选择在教会法院提起契约纠纷的诉讼，特别是因为当时世俗的契约法还相当幼稚。当时存在许多互相重叠的事务，它们促成了教会法院和世俗法院的并行的管辖权限，就好像当时在世俗领域内，王室、封建、市镇和商事法院之间也存在着并行的管辖权。

在一个既定的政治社会之内有多个自治的法律体系和管辖权并存和竞胜，这种情形有助于造成法律在这一社会内部的至上地位。法律在教会和各王国之内的至上地位也因为十二世纪一个受过职业训练的阶层的兴起而得到加强。这个职业阶层多少以全职方式从事法律活动，他们是职业律师、职业法官、职业的法律学者，既有教会法的也有世俗法的。公元六世纪在拜占庭皇帝查士丁尼(Justinian)主持下编修完成、五个世纪后在罗马教皇体制革命高潮时在西方被(并非偶然地)重新发现的罗马法典籍，此时被用一种后来被称作经院哲学的调和权威文本中的矛盾和从载于这些典籍的各种不同规则和案例中得出一般概念的新方法加以分析与综合。

最后，法律是一种前后一致的规则和原则的体系这样一种观念，因为与之相伴的一种西方特有的信念，即相信法律具有生生不息的特质，相信它能够跨越若干世代和世纪不断成长，而更具活力。法律就像哥特式大教堂一样被人们一个又一个世纪地建造和再造。人们相信，法律体系具有一种有机变化的内在机制。不仅如此，法律的生长和与时而进，具有一种内在逻辑，乃是变化模式的一个部分。人们认为，法律通过重新诠释过去的规则和决定来满足当前和未来的需要而得到发展。

西方人在十二世纪和后来所理解的法律的那种历史性，是与法律自治和法律对于政治统治者的至上地位的观念联系在一起的。最高政治权威——国王和教皇本人——可以制定法律，但是据说他不能够专断地造法，而且，在合法地重新造法之前，他要受到自己所立法律的约束。[①] 根据布莱克顿（Bracton）写于十三世纪早期的名言，英国"并非由国王统治，而是在上帝和法律统治之下。"[②]而用德国的 Bracton，Eike von Repgau 的话说，"上帝就是法律，所以法律是上帝珍爱之物。"[③]

2. 新教革命：路德宗之德意志

十二世纪时人们呼之为"格列高利改革"的运动表现为对立各方的辩证调和：灵界与俗界的调和、教权与王权的调和、教士与俗人的调和；在俗界内部则是王室与封臣的调和、领主与市民的调和。这一情形的实现有赖于执掌有力的"精神之剑"的教士的忠诚，也有赖于执掌"世俗之剑"的王室、封建和市镇权威的责任。然而，随着时间推移，罗马教皇体制革命的"双剑"论受到重大损害。

十五世纪时，西方到处都出现了对无论教会体制还是世俗制

① 比如十二世纪晚期的教会法学家 Huguccio 就写道，教皇本人得因任何严重的通奸、抢夺、渎圣或者其他声名狼藉和诽谤性的罪行受到审判和被废。见 Brian Tierney，*Foundations of the Conciliar Theory：The Contributions of the Medieval Canonists from Gratian to the Great Schism*，53—58（ENL. ED. 1998）。

② Henry De Bracton，2 *De Legibus Et Consuetudinibus Angllae*（*On the Laws and Customs of England*），33（George E. Woodbine，ed.，and Samuel E. Thorne，tr.，1968）。

③ "Gott ist selber Recht，deshalb ist ihm Recht lieb."这句引文在论 *Sachsenspiegel* 的文献中经常重复出现，但没有注明版本和页码，而该书又很难寻获。例见 Ch. Hinckeldey，ed.，*Justiz In Alter Zeit*，10（1984）。

度进行另一轮改革的强烈呼声。然而,宗教反叛和人文主义者对于更公正和更人道的教会政策的要求,只得到当时已陷于极深腐败之中的教皇等级体制微弱的回应。改革的主张也扩展于世俗世界,但是同样回声寥寥。事后来看,人们会发现,当时的事态已经积累酝酿到了将要爆发的程度。这种情形也为当时许多人所意识到。但是直到路德教在十六世纪早期崛起之前,没有任何为阻止这一爆发所作的改革关注和讨论当时最严重的问题,也就是说,用历史家 Myron Gilmore 的话说,"格列高利革命最终失败了。"Gilmore 写道:"俗界政府最后会被引导以获得恩典或者公义的观念已经不再被人们认真对待。""世俗世界不再能够从罗马教会指派给它的任务中汲取最终的意义。"①

1517 年,受过法律训练的神学教授路德(Martin Luther)以实际上宣布废除教会管辖权的方式打破了渐进的过程,开启了一场革命。路德说,教会并不是一个立法机构;教会是信徒的无形社会,在这个社会里,所有的信徒都是牧师,他们彼此服务,在同上帝的关系上,他们每一个人都是一个"私人"。每个人都要以个人方式直面作为"上帝之语"*的《圣经》。俗界的政治权威,国王和他的顾问,高级官吏,Obrigkeit,必须承担以前是在罗马天主教会权限范围内的制定法律的职责。②

---

① 见 Myron Gilmore, *The World of Humanism*, 135(1952)。

* Word of God(上帝之语)本身即可译为《圣经》。——译注

② 参见 Harold J. Berman and John Witte, Jr.,"The Transformation of Western Legal Philosophy in Lutheran Germany", 62 *So. Cal. L. Rev.*, 1573, 1594—1595, 1599—1600(1989),以及文中所引用的资料。

路德用一种新的"两个王国"的理论替换了罗马教皇体制革命的"双剑"论。他教导说,无形的教会,由所有信徒组成的教士阶级,都属于恩典和信仰的天上王国,受《福音书》支配;地上的王国,"此世"的王国,包括可见的制度化的教会,为法律所支配,而这完全是在基督教国王的权能之内。

由于路德教导人们说,天上王国里灵魂的获救完全是出自上帝对信徒的恩典,而不能靠"法律的作用",人们便常常以为,路德及其同事并无一种积极的法律哲学,也没有法律改革的计划。这种看法甚为错误。他们教导说,在上帝虽在但是隐形的地上王国里,法律——包括"摩西十诫"的道德律和世俗统治者基于此制定的实证法律——因为以下原因而不可缺少。首先,要有令罪人意识到他们的罪过因此有助于其悔改的道德原则;其次,要悬以惩戒以阻止罪人的反社会行为;最后,要有详细的规则和学说教导和引领正直之人走向公义与共同福利。①

要实现当时人们所说的这三种"法律之用",德意志各公国的路德教统治者制定了名为"法令"(*Ordnungen*)的内容广泛的法律,调整以前一直是在罗马天主教权能之内的事务。其中"教会法令"管理公国之内路德教会的组织和职能,"婚姻法令"管理婚姻和家庭关系,"惩戒法令"管理道德过犯,"学校法令"规范儿童的公共

① 见上引文页1585—1595,及文中所引资料。又见 Frank S. Alexander, "Validity and Function of Law: The Reformation Doctrine of Usus Legis", 31 *Mercer L. Rev.*, 509 (198—); 以及 John Witte, Jr., and Thomas C. Arthur, "The Three Uses of the Law: A Protestant Source of the Purposes of Criminal Punishment?", 10 *J. L. & Religion*, 433 (1994)。

教育，“济贫法令”管理济贫、病人、寡妇和孤儿、无家可归者和失业者等。这些公国法令中的大部分均出自受过法律训练的路德教神学家之手，有时路德本人和他的密友和同僚 Phillip Melanchthon 也担任起草人。

与早期罗马天主教法学的经院方法不同，路德教法学家强调法律整体的统一性和法律部门的划分，首先是公法与私法，然后是私法里面的财产和债，再后是债里面的契约、侵权和不当得利。[①] 这种分类是建立在 Phillip Melanchthon 的论题方法上面的。论题方法(topical method)不同于较早时期的经院方法，它先从可以适用于所有科学的一般性主题或者真理开始，再由适用于科学的个别分支(法律学就是其中之一)的特殊主题，将每一主题进一步分为种属。Melanchthon 的论题方法为全欧(包括英格兰)的学者们运用在关于当时被认为是普通法，一种新的**共同法**(jus commune)的著作当中。这种新的共同法包含从所有较早时期的普遍法律制度——包括教会法、罗马法、封建法和商事法——中得出的共同原则、学说和规则，也包含王室法、市镇法和地方习惯法等各种制度的共同特征。[②]

① 参见 Harold J. Berman and Charles J. Reid, Jr.,“Roman Law in Europe and the *Jus Commune*: A Historical Overview with Emphasis on the New Legal Science of the Sixteenth Century”, 20 *Syr. J. Internat. L. And Commerce*, 16—25(1994)。比如，最早把财产法(所有权)同债法分离开来的，是德国的路德教法学家 Johann Apel，而不是像一般以为的那样是法国法学家 Donellus。见 Robert Feenstra,“*Dominium and ius in re aliena*: The Origins of a Civil Law Distinction”, in *New Perspectives In the Roman Law of Property: Essays For Barry Nicholas*, 111—122(1989)。

② 见 Berman and Reid，同上；页 25—31。

这是一种教授型的法学，它很好地适应了大学的法律讲授，包括——在德意志——对王公们日后的顾问以及将来要出掌世俗法庭的职业法官的法律教育。这种教授型的法学也很适合于引进一种由教授们自己对案件作出判决的新的法律制度。这就是著名的“卷宗传送”（*Aktenversendung*）制度：德意志法院会将某些类型的疑难案件送交大学的法学教授以求最后的判断。这种制度在德意志一直实行到1878年方才停止。它不但为教授们带来极大的好处，对德意志法的内容和式样也有巨大影响。

这也是圣经法。就像罗马天主教僧侣在圣礼的基础上将教会法系统化一样，路德派法学家运用Melanchthon的论题方法把各个部门法置于“十诫”的基础之上。因此，其主要著作三个世纪之后被收藏在我们最高法院大法官Joseph Story的图书室里的Johann Oldendorp，依“不可杀人”的诫命建立刑法，依“不可偷盗”的诫命建立财产法，依“不可奸淫”的诫命建立家庭法，依“不可作假见证”和“不可贪恋”* 的诫命建立契约法和有关私犯** 的法律。顺便可以指出，他还根据耶稣对律法的总结“要爱邻舍如爱自己”建立了税法。[①] 这些“主题”不仅存在于范畴或者标题之中，而且存在于一般原则之中。这是些基于神学的道德原则，居于下位的法律规则要根据这些原则加以解释。这是一种新的法律综合方法，

---

* 均出于“十诫”，完整的经文应为：“不可作假见证陷害人”和“不可贪恋人的房屋，也不可贪恋人的妻子、仆婢、牛驴，并他一切所有的”（《出埃及记》20章，第16、17）。——译注

** 私犯（delict）之制源于罗马法，拉丁文为delictum，系现代侵权法的前身。——译注

① 见Berman and Witte，同本书第146页注②，页1641（讨论Oldendorp的理论）。

它超越了早先对同一政治组织内部并存的法律体系的划分。

在欧洲,到处都感觉到了德意志路德教会革命的反响。在新教获得胜利的地方如英格兰和荷兰,建立了君主领导下的国家教会,根据法律的要求,王国的所有臣民都隶属于国家教会。而在仍然信奉罗马天主教的国家,诸如法兰西、西班牙和奥地利,国王们对国内教会的权力也大为增长。在包括意大利城邦国家在内的所有地方,教皇的权力都在衰落。

3. 第二次新教革命:盎格鲁-加尔文教之英格兰

然而,在无论新教国家还是罗马天主教国家,许多问题显露于德意志革命之初,在继之而来的世代里变得尖锐起来。由加尔文教的传布和引发了1618—1648年间在欧洲大陆断断续续地爆发的"三十年战争"的罗马天主教国王和新教国王之间的持续对抗中,产生了一场宗教危机。一个与之紧密相关的**政治**危机则由"绝对"君主在欧洲的崛起而产生。这些绝对君主们作为最高的立法者、最高法官和法律的最高执行者,自己却不受这些法律的约束。十六世纪早期的亨利八世在发起英国宗教改革时,像罗马天主教的法兰西国王弗朗西斯一世一样,明确主张这种绝对的权力。这个世纪中叶,博丹(Jean Bodin)写了一部详论绝对君主制学说的著作,此书在大多数欧洲国家的统治阶层中被广泛接受。[①]

---

① 见Jean Bodin, *On Sovereignty*(*Julian H. Franklin ed. and trans.*, 1992)。博丹的著作强烈影响了英国国王*James I*的思想,他提出了一种对绝对王权的辩护。见*Harold J. Berman*,"*The Origins of Historical Jurisprudence*: *Coke*, *Selden*, *Hale*",103 *Yale L. J.* 1651,1670—1673(1994)。

不过在十七世纪,君主统治的观念越来越受人抨击。抨击首先来自推崇贵族之治而非君主之治的加尔文教;其次是来自拥有土地的士绅和在王室法院及其官僚那里遭受过真实的或者想象的压迫的其他阶层。在十七世纪中叶,许多欧洲国家都经历了反君主制的叛乱,与这些规模较小的叛乱大体并行的,是声势浩大的英国革命,这场革命爆发于 1640 年,中间经过 1642—1649 年的内战,随后是 1649—1660 年的“清教共和国”,然后是 1660—1668 年间的“复辟”,最后以 1688—1689 年的所谓“光荣革命”而告终。

1640—1689 年的英国革命确立了议会对国王的至上地位。这一点不要同民主制度混为一谈,因为当时只有大约成年男性人口中的百分之二或三的人有投票权。这实际上是一种贵族统治,主要由大约八千到一万名拥有土地的士绅和头面商人构成,他们取代了约莫一百二十名受封贵族而成为统治阶级中最重要的部分。[①] 在议会中,平民院首次掌握了比贵族院更大的权力。

英格兰保留了新教。然而,现在受议会支配的英国教会,从一个所有基督教臣民都被要求服从的国家教会,被降为一种国教,一个受到国家支持、但是根据 1689 年的《宗教宽容法》而与发动 1649 年革命的加尔文教派共存的教会。事实上,人们所说的英国国教对在革命初期曾经激发清教徒起而反抗国家教会的加尔文教的信仰体系吸纳甚多。

---

① 这些数字在十七世纪末和整个十八世纪得到增加。见 Gordon E. Mingay, *English Landed Society in the Eighteenth Century*, 6 (1963); John Ashton Cannon, *Aristocratic Century: The Peerage of Eighteenth-Century England*,10(1984);Michael L. Bush, *The English Aristocracy: A Comparative Synthesis*,40—41(1984)。

英国革命也促成了英国法律制度根本而持久的转变。法官们不再听命于君主的意志，而获得独立和终身制。由都铎王朝的君主们建立的所谓特权法院，其中以“星座法院”和“特设高等法院”* 声名最劣，此时遭到废除，普通法法院则获得优于大法官法院** 和海事法院的至上地位。陪审团审判制度也被加以改造：陪审团不再由法官支配，证人证据和证据规则也被引入法庭。古代的诉讼程式被保留下来，但现在被用来帮助将英国的财产法、契约法和侵权行为法现代化。先例学说——英国普通法的标记——因为引入裁定（holding）和附论（dictum）的区分而获得其现代意义。正好像德国人强调法律原则的一致性与君主制的文官制国家以及君主及其顾问的出现有关一样，英国人对法律之历史延续性的强调是与贵族制的议会国家、辉格党和托利党的政党制度以及英国的法官和出庭律师（barristers）行会的兴起联系在一起的。前者的概念论产生一种所有问题都要被“置于”一个种、属体系中的法律科学。[①] 后者的经验主义则导向一种把由不同案件中抽取出来的原则放在一个对抗的程序中加以论证的法学。

这些十七世纪和十八世纪早期出现的英国法的革新，部分地植根于盎格鲁-加尔文教的概念之中。相信人类历史完全是在上帝的计划之中，而英国是上帝拣选的国家，命定要展示和实现上帝

---

* 星座法院（The Court of Star Chamber）又译为星室法院，成立于十五世纪，以擅断、酷刑著称。特设高等法院（the Court of High Commission）系伊丽莎白女王时代的宗教法院。——译注

** 大法官法院（the Court of Chancery）即衡平法院。——译注

① 德文词“讨论”，*Erörterung*，源于 Ort，“放置（和位置）”，这个词是拉丁词 *locus* 和希腊词 *topos* 的德文翻译。

为人类规定的使命。这两种信念相结合,既促成了导致大诗人约翰·弥尔顿(John Milton)当时名之为"一场对改革的改革"的第二次"新教改革"的运动,也支持了把这一新的改革建立在英国历史传统基础之上的运动。人们求诸都铎王朝以前的历史——《大宪章》和早期普通法——以支持革命性的政治变革。在罗马天主教的各种自然法理论和路德教法律哲学之外,盎格鲁-加尔文教的思想促成了一种新的历史法学。[①]

4. 法国革命:自然神论的唯理论和个人主义

十六世纪的德国革命产生了一种反映路德教信仰体系的法律制度,十七世纪的英国革命产生了一种反映加尔文教信仰体系的法律制度,与此相仿,1789—1830 年的法国革命产生了一个反映自然神论信仰体系的法律制度。

自然神论是十八世纪为所有有组织的教会之外的人们所共有的一种西方的信仰体系。自然神论者不相信基督的神性,实际上常常声言是反基督人士,但他们确实相信宇宙最初为上帝所创造,上帝为其中的万物规定了目的;他们也相信人类因着上帝而得有某些权能——首先是理性——以令他们能够保全自己的福祉。十八世纪的法国哲学家(philosophes)如伏尔泰(Voltaire)、狄德罗(Diderot)、卢梭(Rousseau)和其他"典范人物"("lights",人们称之为 lumières)教导说,人类生而自由、平等,具有运用理性获取知

① 一般参见 Berman,"Origins of Historical Jurisprudence",同本书第 150 页注②。

识和幸福的能力。[①] 自然神论对人性善的确信,对理性之纯粹性和力量以及科学之力量的信仰,对路德教派和加尔文教派所强调的对人类禀有原罪以及人类历史的神意性质的基督教信仰,和罗马天主教所强调的对教会传统和对信仰的团契性质的基督教信仰,都构成了挑战。不过,自然神论无疑是罗马天主教和新教的产物。它与二者共享一些共同的道德价值,它们都对作为一件改造世界的工具的法律抱有信心。

十八世纪法国哲学家(philosophes)的自然神论,尤其是其中所包含的唯理论和个人主义,反映在作为法国革命之结果而被引入的公法和私法中的若干重大变化当中。

与德意志革命强调君主制与皇家特权不同,也与英国革命注重贵族制和贵族特权不同,法国革命党人宣扬的是民主、民权和自由——用 1789 年法国《人与公民权利宣言》中的措词,就是“人与公民权利”。的确,法国革命首先是为废除压迫性和不合理的法国贵族的习惯法上的特权而战,其次是为废止君主国家对专制权力的压迫性和不合理的运用而战。最高权力被给予一个民主选举而产生的立法机构,它负责执行反映那个把它选出来的拥有财产的中产阶级的公意的政策。一系列成文宪法建立

① 康德是第一个用“启蒙”(*die Aufklärung*)这个词来指一个启蒙时代的人。见 Roland Mortier, *Clartés Et Ombres Du Siècle Des Lumieres*, 22—26(1969)。第二次世界大战以前,学者们通常只把“启蒙”一词用来指十八世纪德国启蒙运动,而康德被认为是这场运动中最杰出的一员。见 John Lough, “Who were the Philosophes?” in *Studies In Eighteenth-Century French Literature*, 139 (J. H. Fox et al., eds., 1975)。参见 Harold J. Berman, “The Impact of the Enlightenment on American Constitutional Law”, 4 *Yale J. Law & The Humanities* 311, 311—312 (1992)。

了一种严格分权的制度,据此,执行机关只能执行法律,司法机关只能将法律适用于单独的案件,立法机构则独享创立法律的权力。

其次,在建立一个宪法体系之外,法国革命还引入了一种新的法律科学。就如德国人强调经由学者将法律原则"放置"在一个种、属相连的主题系统之中,英国人着重在历史上的先例的上下文中对法律问题的司法"论辩",法国人现在强调通过解释包容广泛的法典来"澄清"法律学说。在法国,原则和先例从属于学说和由立法机关确立的规则。曾经在十六和十七世纪居于支配地位的自然法理论和在十七、十八世纪与之并肩而立的历史法学,如今都让位于一种实证主义的法律理论,这种法律理论在十九世纪被人们日渐接受,而在二十世纪则实际上支配了西方的法律科学。

5. 美国革命

在这一讲剩下的几分钟时间里,让我谈谈美国革命对于西方法律传统的影响。在这方面,我对已有的历史研究只补充一点,我要把美国革命置于欧洲革命的背景下来理解,我认为,美国革命代表的是十七世纪英国革命的遗产和法国革命中流行的十八世纪启蒙哲学之间的一种折衷。① 美国革命有两个互相冲突的方面。一方面,它是一场"独立战争",要退出母国,为殖民地居民获得他们在英国的表兄弟享有的传统权利而战,为得到那些在上一个世纪

① 见 Berman,"Impact of the Enlightenment",同上页注①,页 319—321。

的英国革命中赢得但却被拒绝给殖民地居民的特权而战，这些特权包括在议会里被代表的权利、选举其总督的权利、法官终身制、受陪审审判的权利、获得人身保护令的权利、援用殖民之前所制定的普通法法令的权利。另一方面，它是一场“革命战争”，它为民主而战，为不可让渡的公民自由权而战。出于美国革命的法律变革结合了这两种信仰体系——它把英国加尔文教对传统、对社会、对贵族政治，和在法律方面对历史性和普通法的强调，同自然神论者对理性主义、个人主义和民主，以及法律方面对成文宪法、对响应公意的立法和对公民的宗教自由、言论自由、出版自由和集会自由的强调结合在了一起。

6. 结论

假定我们置身于1914年，第一次世界大战爆发的当口，回顾西方法律传统的演进，我们会看到，一方面，这个传统在若干世纪中被四次激烈的大革命所打断，这每一次的革命都以一个超验正义的新世界之名反对现行法律制度；但在另一方面，这个法律传统在历经这些革命之后而存活下来，且因为这些革命而得到改造，最终得以更新。这个传统的起源可以被追溯到十一世纪晚期和十二世纪早期的罗马教皇体制革命。

在二十世纪早期，由这些源头存活下来的是多个完整的法律制度或曰法律“体系”并存的概念；流传下来的还有调和权威典籍中的矛盾和由见于这些典籍的法律规则和案例中抽取一般概念的后来被称为“经院式”的技术；还有对法律随时而进、生生不息的特质的确信，对法律能够代代相传、不断成长和法律的历史性的信念;有对法律能够解决同一地域内互相竞胜的政治权威之间的冲突,以及法律最终优于政治权威的至上地位的确信。

西方法律传统的这些基本特质最终是建立在基督教信仰——先是取罗马天主教的形式,后来是以路德教和加尔文教的形式——的基础之上。自然神论,法国启蒙时代的宗教信仰,用对上帝所赋予的理性的信仰替换了基督教对于神法的信仰。尽管如此,在 1914 年,至少在美国,人们依然普遍相信,实证法最终的渊源乃是神法(特别是"十诫")和透过诸如《大宪章》和关于正当程序的宪法要求显露出来的自然法。

对法律之宗教渊源的普遍确信,支持着对法律之历史演进的信念,以及对周期性地出现于西方历史上的以暴力手段取代现存法律制度——因为其无法实现其超验目标——的历史必然性的接受。每一个西方国家都可以将其法律制度的历史追溯到一次这样的革命。而每一次伟大的西方革命的口号都出自耶稣对法利赛人的呵责:"你们这假冒为善的文士和法利赛人有祸了!因为你们将薄荷、茴香、芹菜,献上十分之一"(Woe unto you, lawyers, for you tithe mint and dill and cummin)——你们固执于细节和形式——"那律法上更重要的事,就是公义、怜悯、信实,反倒不行了"。*

如是在 1914 年,不同形式的法律制度和不同形式的法律科学同时存在于西方一个共同的法律传统之中。罗马天主教版的政教分离与路德教、加尔文教和自然神论版的政教分离并存。君主制

* 引文据《马太福音》23 章第 23 译出。——译注

与贵族制和民主制共存。德意志皇帝的特权与英国议会中统治阶级的特权和见于法国国民议会以及美国众议院的公民权利并存。而在每一个西方国家里,都以不同比例并存着亚里士多德的一人之治、少数之治和多数之治的概念。

在法学方面,1914 年时,被误称为中世纪——实应称之为最早的近代——的经院哲学,也在不同国家以不同比例,与德国的概念论、英国的经验论和法国的学理论(doctrinalism)并存。在整个西方世界,仍然是以不同比例,法典法与判例法共存。

那就是 1914 年时的情形,那是漫长的 19 世纪的终结,那个漫长时期在美国始于 1776 年,在欧洲则开始于 1789 年。明天我将讨论,第一,西方法律传统在始于第一次世界大战和俄国革命的可以被称作真正的二十世纪中的危机;第二,西方法律传统在基督纪元的第三个千禧年里的未来。

二、预　言

我要对那些听了上一讲、现在又回到这里的听众表示欢迎。我祝贺你们的坚韧不拔。

对那些新的听众,我要稍作解释。昨晚我讨论了西方法律传统在十一和十二世纪的罗马教皇体制革命中的起源,以及十六世纪到十八世纪相继爆发的国家革命——德国革命、英国革命、美国革命和法国革命——对这一传统的影响。我着重讨论了宪法上从君主制到贵族制到民主制,从王室特权到贵族特权再到民主权利的变化;讨论了法律科学方面从德国的教授型概念论到英国的司法的经验论到法国的学理性的法典再到美国的对英国的历史性(historicity)遗产和法国理性主义模式的综合。我强调了逐渐发展的信仰体系对于逐渐发展的西方法律传统的影响——十二世纪罗马天主教的、十六世纪德意志路德教的、十七世纪盎格鲁-加尔文教的、十八和十九世纪法国和美国自然神论的前后相继的影响。我还强调说，那些反映了这些信仰体系的国家革命，就其起因和结果而言，都不止是国家的，而且也是泛西方的。在此背景之下，我原本要引用——现在也要引用——伟大的十八世纪英国哲学家和政治家伯克(Edmund Burke)的话说："欧洲实际上是一个有着普通法(general law)共同基础的伟大国家(State)。欧洲全部的政治和经济都是从同一渊源中生发出来的。"我的主题则是，只有当我们记住我们的法律制度的起源和历史演变，了解它们如何成为其所是，我们才能够知道它们是什么，才能够预知它们将变成什么。

现在我就从历史转向预言。我先谈二十世纪里西方法律传统的危机，然后讨论，当我们进入一个新的千禧年、一个多元文化的东方和西方和北方和南方正开始铸造一个新的世界法律传统时，西方法律传统的未来。

1. 西方法律传统的危机

我们使用的"危机"一词源自希腊语 *krisis*，意为"转折点"。这个词在汉语当中由两个字构成，一个字的意思是"危险"，另一个字的意思是"机会"。

人们无需成为一个先知或者预言家便可以知道，在两次世界大战之后，西方、西方人（如我们惯常被人们所称）、西方文明（如我们惯常所称）一直是处于其历史上的一个重大的转折点上，面对着一方面是丧失认同的危险，另一方面是在一个新的世界秩序中充当合作者的机会。它的这种认同，就像我们每一个人的个人认同一样，来源于其历史记忆，它如何成为现在的样子，它对未来的预期，它去向何方。这一时间观在二十世纪受到最严重的威胁。

在过去的一千年里，通过其军队、商人和传教士，西欧逐渐成为世界的中心。而现在，西方正迅速地不再是这个世界的中心。在人类历史上，第一次在所有民族中间产生了一种多少是持续性的相互关系。一方面通过全球通讯、全球科学和技术、全球市场，另一方面因为全球污染和环境破坏、全球疾病、全球贫困以及种族和地域战争的挑战，所有的民族都在一个共同命运当中结合到了一起。

世界经济的出现，连同与之相伴的一个世界社会（a world society）和一种世界法律的各种要素的逐渐出现，可能强化了我们对于西方法律的起源和发展之渊源的意识。然而事实上，对那些渊源的自觉，和甚至对存在一个西方法律传统的意识，在二十世纪都极大地减损了。这确实**就是**危机——一种法律观念中的危机，一种法律思想中的危机，一种对我们的法律——作为与历史上发展起来的宗教和哲学的信仰体系以及政治制度联系在一起的一种古代的和仍在发展的遗产之不可分割的部分——的信心危机。我们法律传统的危机在于对这一传统懵然无知，在于我们在面对这一传统时对它的弃绝。① 我们想要知道现在法律是什么，现在应当做什么样的改变，而不是它怎样成为现在的样子，它将来应该如何发展。我们越来越只生活在现在。我们罹患严重的社会健忘症。

宪法显然是某种例外。在那里我们被要求牢记我们祖先的遗产，因为他们把这份遗产付诸一部成文宪法，其文词甚至在两百年之后也必须不断地解释和再解释。然而就是在我们的宪法中，由于先例学说已经让位于多变的所谓政策科学，宪法制定者的语言和他们的后继者的解释也变得越来越不重要了。② 甚至宪法也越来越被仅仅视为工具——一种促成政治、经济和社会目标的工具，而不是一个对其自身目的，即自由、平等和博爱等目的所作的宣

① Rebecca Redwood French 从社会科学当中借了“去除传统”（detraditionalization）这个词，用它来描写“现代社会[为]一个后传统的或者去除传统的世界，一个越过了传统和不见传统的世界”，见 Rebecca Redwood French，“New Direction：Lamas，Oracles，Channels，and the Law：Reconsidering Law and Society Theory”，10 *Yale J. L. 7 Humanities* 505，520（1998）。虽然一般地赞同“去除传统”，French 教授却没有完全弃绝传统。她借了佛教的时间轮回观念，争论说“我们的最稳定的传统已经变成了持续的变化和无常。这是一个纯然佛教的观念，一个鼓吹不断变化和无常概念的稳定的宗教信条；不过它已经和正在变成一个非常美国式的观念”。同上，页 535。关于时下司法判决过程中传统作用的讨论和论争的一个极佳的综述，见 A. C. Pritchard and Todd J. Zywicki.“Finding the Constitution：An Economic Analysis of Tradition's Role in Constitutional Interpretation”，77 *North Carolina L. R.*（1999）at 415—445。

② 把法律解释成一门“政策科学”的观点在 Harold D. Lasswell and Myre S. MacDougal 颇有影响的文章“Legal Science and Public Policy：Professional Training in the Public Interest”，52 *Yale L. J.* 203（1943）中得到鼓吹。这两位作者列出由经济学、政治学、心理学和其他学科中抽取的若干他们认为是法律政策应予最大化的价值。诸如正当程序和同等保护这样的法律价值从这种纯粹是工具性的法律科学中奇怪地消失了。关于 Lasswell-MacDougal 理论的有害影响，见 Anthony T. Kronman，*The Lost Lawyer：Failing Ideals of the Legal Profession*，201—208（1993）。

言，这些目的，正如《独立宣言》所宣示的，是由我们的造物主赋予我们的人性所固有的。

如果要寻找西方法律传统的危机的起因和结果，我们可以指出二十世纪的两个主要发展。第一个发展是官僚国家的出现。第二个发展是这个官僚国家运用法律去塑造其国民的信仰、态度和意见。

在实际上所有西方国家，政府的官僚机构在二十世纪已经直接和积极地控制了经济、通讯、教育、医疗、工作条件以及经济和社会生活的其他方面。这些领域在很大程度上为行政法规所规制。行政法规已经侵入——自然还不是全部，但是到了相当程度——法国民法典、英国普通法的先例以及德国的教授型原则，成为法律的主要渊源。而在美国，虽然尚未达到同样程度，立法机关和法院也已经把对很大部分经济与社会生活的控制权让给了行政机构。与此同时，随着司法能动主义（judicial activism）日益为人们公开接受，美国的法院本身也已经在一定程度上变成主动控制经济和社会生活的机构。

（我不禁想起《纽约时报》最近一篇关于联邦储备委员会主席在经济方面所扮演的角色的整版文章的标题："他将整个世界握于掌心。"我还不由得想到这样一个事实，那就是，若无镇的"资源保护委员会"的事先许可，我竟不能合法地为我们在玛撒葡萄园的别墅边上的一棵树剪枝。容我再补充一句，我现在并不是对这些二十世纪的生活事实表示赞许或者抱怨，我只是对此如实陈述，并试图理解它们同西方法律传统的关系。）

运用法律去实现国家对经济和社会活动的管理，这在二十世纪一直是同明确用法律去影响人们的信仰和态度、教育人们对社会负责和不管种族、性别、年龄和阶级的差异彼此平等相待这一做法联系在一起的。我们越来越多地看到,家庭、学校、教会、工厂、商贸企业以及其他志愿团体受制于立法、行政和司法的直接掌控,看到这些组织的功能社会化。这便是二十世纪无可避免的事实。国家的法律已经开始扮演父母和教师的角色,培养官方认为是符合社会期望的态度。

用波兰裔美国诗人和预言家 Czeslaw Milosz 的话说:"二十世纪,国家吞噬了社会。"

2. 俄国革命:无神论的社会主义

这里,苏维埃俄国首次引入了革命性的变革,对我们所有人来说,苏维埃全能国家的极端事例仍然是一个重要教训。许多人不会认为俄国是西方的一个部分,不认为俄国历史是西方历史的一部分,或者俄国革命与发生在德国、英国、美国和法国的那些大革命属于同一系列。在历史上,东正教的俄罗斯强烈反对十一世纪晚期和十二世纪早期的罗马教皇体制革命及其产物教会国家和教会法系统。俄罗斯也不曾经历路德教、加尔文教和自然神论的历次革命,以及与之相应的君主官僚制度(High Magistracy)、贵族制议会和民主分权的形成。直到它在 1917 年崩解之前,俄国的沙皇政府自命为独裁政府,同时领有灵界和俗界的最高权威。此外,俄国最早与西方密切往来只是在十八世纪,其时,俄国统治阶层开始受到法国启蒙思想影响。俄国的第一所大学于 1756 年在莫斯科建成,比第一所西方大学在波隆纳(Bologna)建成晚了差不多七百年。只是在十九世纪,拿破仑战争之后,俄国才产生与在西方已经存在了七个世纪的法律制度类似的法制:一个受过学术训练的法学家阶层,法律的系统化、大量的法律文献,最后,是在1860年代建成的具有职业司法人员和职业律师阶层的等级制的法院。

尽管如此,俄国在十八、十九和二十世纪早期确实是“西方化”了。1917年俄国布尔什维克革命的马克思的社会主义信仰体系和政治纲领是一种西方信仰体系和一个西方政治纲领。像自然神论一样,马克思主义的无神论是一种基督教的异端。列宁主义的共产主义政党则是一种世俗的教士阶级(priesthood)。甚至,马克思-列宁主义者关于未来不需要国家或者法律的无阶级社会的乌托邦式的展望也是一种西方的乌托邦,而与德国革命、英国革命和法国革命最开始时的激进阶段的反律法主义*遥相呼应。确实,二十世纪的俄国社会主义中有很多东西纯粹是俄国的,正好比较早的德国、英国、美国和法国的民族革命中有许多东西完全是民族的一样。然而,也有很多东西是在十九世纪西方的社会主义运动中就已经被预示了、并且后来传播到了其他西方国家,包括美国。

我们通常认为西方法律制度与苏联解体前的苏维埃俄国法截然不同。我们强调,在苏维埃俄国,没有法律高于国家和法律约束国家最高领导人的概念;没有土地和生产资料的私人所有权;言论、出版和宗教自由以及其他基本民权受到压制;共产党一党专政,党内则是总书记和政治局专政。但是如果仔细研究在七十五

* 即唯信仰论,基督教神学中的一种派别,认为基督徒既蒙上帝救恩,即无须遵守摩西律法。——译注

年时间里发展起来的苏维埃法律制度,尤其是斯大林之后几十年里逐步发展而在戈尔巴乔夫统治的七年里达到最高点的苏维埃法制,并且批判性地审视自1920年代晚期和1930年代的"大萧条"之后我们自己的欧洲和美国法律制度的发展,则我们可以发现许多类似的东西。

斯大林之后的苏维埃民法典、刑法典和司法体系与当代西方的民、刑法典和西方司法制度有许多共同之处。在1960年代、1970年代和1980年代的苏联,虽然没有**法治**(rule of law),但是**法制**(rule by law)却发挥着越来越重要的作用。在1991年苏联解体时,那里有三十万受过大学训练的律师。不过到那时为止,就是在共产党统治之外,苏维埃法与西方国家的法律之间还有两个基本的不同:第一,苏维埃国家运用法律、尤其是行政规章管理和控制经济与社会活动,其程度远甚于西方国家;第二,苏维埃国家用法律指导、训练和惩戒其人民的信仰和态度,其程度也远甚于西方国家。这就是苏联所说的"法律的教育功能",或者更确切地说,"法律的教化培养功能"。① 五十年前,卢埃林(Karl Llewellyn)把它叫做"家长式的法",并且补充说,我们自己的法"正在变成一种家长式的法"。②

官僚国家有意识地运用法律去教育公民接受和遵守国家权威建立于其上的信仰体系,这一点不只是共产党国家如此,其他国家

① 同样的俄文词,vospitat,意思是"教育"和"培养或教化"。关于苏维埃法律的教育或者培养功能的概念,见 *Harold J. Berman*, *Justice in the U. S. S. R.* 277—384 ("Parental Law")(1963)。

② 关于 Karl Llewellyn 对"家长法"这个词的用法,见上引书,页284(1963)。

也一样。1961年，苏维埃国家透过其所有机构发行了一份名为《共产主义建设者道德法典》的文件，号召所有苏维埃公民做一个利他主义的、诚实的、勤奋的、忠诚的、合作的、爱国的和**无神论**的马克思-列宁主义者。成为苏维埃社会主义道德和法律的基础的是一种无神论的信念，它假定人性本善，假定人类天生能够建立一个现在是按劳分配最终是按需分配的社会，假定一个民族，一旦摆脱了经济上的阶级剥削并且不再沉溺于宗教信仰的"鸦片"，就愿意积极响应其领导人的意愿。[①]

我相信，这种信念的幻灭是导致苏联崩溃的最重要的原因。

二十世纪官僚国家的一个主要弱点，便是它对经济和社会生活的法律控制经常超出，用庞德(Roscoe Pound)生动的说法，有效的法律行动的范围。[②] 虽然为取得国家计划和国营企业自主性之间的平衡有过许多试验，苏维埃的计划经济最终无法有效运作。同样，苏维埃国家对工厂、社区等志愿联合以及学校和家庭严密的法律控制，只是削弱了这些组织。虽然稍好但是类似的情形也出现在非共产党国家的福利国家里。当 Czeslaw Milosz 说"二十世纪，国家吞噬了社会"时，他所想到的无疑正是这一点。

这就是危机的危险的一面。

另一方面，机会则是恢复和更新我们的法律传统——不是通

① 见 Harold J. Berman,"Atheism and Christianity in the Soviet Union,"in *Freedom And Faith: The Impact of Law on Religious Liberty*, 127 (Lynn Buzzard, ed., 1982)。

② 见 Roscoe Pound,"The Limits of Effective Legal Action", 3 *Am. Bar Assoc. J.* 55 (1917)。

过再造一个自由放任的国家，而是通过创造一种不是自上支配因此而削弱、而是自下巩固从而加强构成所谓“市民社会”的志愿性联合的法律。这样的法律须是不仅出于国家，而且也来自志愿联合的组织。事实上，在西方法律传统中，尤其在其较早阶段，法律不仅而且主要不是来自国家的立法权，而主要出自许多个人和群体在其日常的相互交往中创造的关系。人民、社会而不是国家、政府权威一直被认为是法律的主要渊源。组成各种联合的人们、建立相应的权利和责任的雇主和雇员、彼此间订立协议的商人们、把孩子们抚养成人的父母们——他们建立了各种民间(unofficial)法律关系，创造了可以被恰当地称作**习惯法**的制度。以往，人们一直认为，习惯法、民间法是国家法、官方法的主要渊源；国家法的主要功能之一，便是执行出自习惯法的权利和责任。[1]

3. 一个世界法律传统的形成

这引出我最后的主要论点：由二十世纪西方法律传统的危机所呈现出来的危险不仅伴随着机遇，即回到曾经造成这一传统的包括习惯中的渊源的诸多法律渊源，而且伴随着参与到一个新的法律传统中去的机会，这个新的法律传统此刻正在其形成阶段，这是一个正在把世界上各种文化的不同法律传统、西方与东方、北方与南方的法律传统融汇在一起的世界法律传统。

二十世纪，实际上世界的所有民族，在人类历史上第一次，被

---

① 参见 Francesco Parisi，“Toward a Theory of Spontaneous Law”，6 *Const. Pol. Economy* 211 (1995)，和 Francesco Parisi，“Customary Law”(打印稿)。

结合到相互间多少是持续性的关系之中。我们毫不犹豫地谈论世界经济、世界技术、世界范围的通讯、世界组织、世界科学、世界文学、世界学术、世界旅行、世界体育。我们差不多同样自信地谈到一个正在出现的世界社会,尽管有威胁着这样一个社会的族群和地域分裂的势力。我们也开始谈到世界法。[①]

世界法部分地就是世界经济的习惯法。我们不止是生活在一个“外国”贸易和“外国”投资的“国际”经济当中,我们也生活在一个互相依赖的经济的“世界”里。管理一个由,比方说,一家纽约商行出售货物给一个加利福尼亚的买主的契约的法律,可能不只是纽约或者加利福尼亚的法律,而也是世界法律。举例说,由承运人开给出售方而转致买受方的提单,通常具有与世界上任何两个国家中的企业之间进出口交易中发出的提单同样的法律特征:它将成为承运者所承运货物的收据,运输合同的证据,和一份可转让的物权凭证。如果货物(无论海运、铁路运输还是空运)以信用证支付,这样的信用通常会依管理全世界信用证交易的同样的规则来办理。如果支付方式是一种流通票据,那就要按照全世界都通行的关于流通票据的规则来办理。世界的出口商和进口商们,世界的船主们,世界的银行家们,世界的海险保险商们,还有其他同他们有联系的人,包括他们的律师,组成了一个世界共同体,他们历经若干世纪创造了并且继续创造着管理他们各式交易的习惯的

① 见 Harold J. Berman,“World Law”, 18 *Fordham Intern.* L. J. 1617—1622 (1995)。

“商事法”(law merchant)。*① 形式上，适用于商业交易的法律可能是国家法，但是国家的法院要执行合同条款，而这可能是整个商业世界中通行的习惯条款，并且在这个意义上是世界法的一部分。

自然，世界贸易法也部分地受国际公法调节，包括比如建立世界贸易组织的多边条约和公约，以及民族国家的公共调节手段。不过，就其严格属于商业的方面而言，其主要渊源是在行为模式和规范或者从事此类活动的人群当中。布莱克斯通和他的前辈们把这部分法律叫做“万民法”(*jus gentium*)，各民族的法，“所有民族的法”。在我们现在所谓国际公法之外，它还包括不仅海商法，而且有被定义为所有文明民族之共同法律规则的自然法。② 正是布莱克斯通的学生边沁(Jeremy Bentham)发明了“国-际”(初时有一个连线，inter-national)一词，单用来指管理两个和多个民族国家之间关系的法律规则。③ 谈“世界法”就要回到较早的概念“万民法”，世界各民族共同的法。

有关货物移转的法律只是世界经济法的一个部分。管理货币移转以及相关金融交易的法律是另一个部分。有关外资直接投资

---

* Law merchant 亦可译为商业习惯(法)，原为中世纪与商人和商业活动密切相关的那部分法律，其主要内容是当时流行的商业习惯和规则。——译注

① 商事法在填补空缺和澄清含混方面具有拘束力，这一点在《统一商法典》(1—203. Comment, 2—103b, and 2—301, Comment, of the Uniform Commercial Code)里已得到明确承认。

② 见 Mark W. Janis. “Jeremy Bentham and the Fashioning of International Law”, 78 *Am. J. Int'l L.* 405(1984).

③ 见 Jeremy Bentham, *An Introduction to the Principles of Morals and Legislation* 296 (J. H. Burns and H. L. A. Hart, eds. ,1970)。比较 Berman,“World Law”，同本书第 168 页注①，页 1617—1618。

的法律中也有许多属于世界经济法。在调节外汇交易和外国直接投资方面，国际公法和国家法所起的作用比在管理世界贸易方面更大。但是即使在货币和直接投资方面，一个建立在经济活动参与者的合同惯例基础上的习惯性的世界法也有着重要作用。此外，与之并行的不同国家中立法的发展，以及对政府间协议的采纳，在这些领域也像在货物移转方面一样，对世界法有着重大贡献。因此，在谈论世界法时，人们必须不仅把世界习惯法包括于其中，也要把协议意义上经民族国家同意的条约法和习惯法的国际公法包括在内。

在参与世界贸易、金融、投资和其他经济活动的人们的世界共同体之外，还有许多其他种类的世界共同体，包括那些在联合国注册的数以千计的志愿性非营利、非政府的世界组织，那些其成员常常来自多个国家的所谓国际非政府组织。[①] 这些组织包括参与在世界范围内促进医疗与卫生、人权、世界和平、世界科学、公民权利与政治权利、慈善与救济、环境保护、世界旅行和旅游、世界体育以及许多其他活动的组织。这些联合体所代表的利益构成了世界交往的广泛基础，它们涉及产生被普遍认可的权利和义务的行为模式和规范。举一个例子，世界上各主要机场的空中交通管理规则都是同样的，这不单是出于偶然。显然，这就是习惯的世界法。

---

① John Boli 估计，有参加国际活动的记录和拥有国际成员的国际非政府组织有大约 6000 个。参见 Berman，“World Law”，同本书第 168 页注①及正文相应部分。如果所有所谓国际非政府组织，包括其成员仅限于一国的那些都计算在内的话，其数目估计有 35000 个。

然而,问题仍然存在:这些和其他关于习惯的世界法的例子能够表明一个世界法传统正在产生吗?如果是这样的话,一个正在出现的世界法传统与西方法律传统之间的关系是什么?这些问题太大,无法在几分钟的时间里来回答。尽管如此,我们可以通过回到一个千禧年的视角开始对这个问题的回答,由这个视角,我们可能预见世界经济逐渐地发展成为一个更公正的世界社会,并且最终由这个世界社会逐渐发展成为一个世界共同体。在世界经济法体系出现的过程中,西方法律传统已经扮演了一个领军角色。在参与跨文化的经济关系的过程中,西方的商人和他们的律师们肯定会经常接受——事实上必须接受——他们那些来自伊斯兰、中国、日本、非洲和其他文化的合作者的习惯和标准。不过在总体上,与任何其他伟大的文明相比,西方的商业买卖法、商业联合法、金融交易法,还有经济法的其他分支,都更加发达,规定也更加完备和明确,至少在涉及跨国交易时,它们已经大多为其他那些文化所接受。甚至中国,一方面具有儒家法律传统,截然区分法律与道德、法律规范与社会礼仪、法与礼,[①]另一方面有共产主义法律传统,明确区分公共利益和私人利益,也像他们之前的苏维埃俄国共产主义者一样,乐于在其涉外经济合同中接受习惯的西方法律条款。

然而,当我们说到一个法律传统,我们不单是说适用于某些类型交易的法律,而且是说法律的整体。我们也不只是说到通过适

① 见 Frederick Tse-Shyang Lee,"The Confucian View of World Order", in Mark W. Janis, ed., *The Influence of Religion on International Law* 31,at 35—37。

用法律规则和程序来调整一些关系的手段，而且涉及实施正义的手段，而这在西方自十二世纪以来就一直被部分地视同于可以执行的权利，即不仅存在于人们相互间经济与社会关系中的权利，而且存在于人们同制定法律的权威本身的关系中的权利。[①] 此外，十八世纪以降，西方一直在谈论受各民族国家保护的普遍人权，即“人的权利”，而在二十世纪，这些权利得到扩展，成为联合国《公民与政治权利公约》和《经济、社会和文化权利公约》中条款。后一项公约谈到作为“世界上自由、正义与和平之基础”的“人类大家庭中所有成员固有的尊严和平等且不可剥夺的权利”。

非西方文化的一些代表对联合国公约中的人权概念提出质疑，认为那是他们不曾认同的西方概念。[②] 他们推重义务而非权利，强调互相信任而非规定细密的规则，重视对纠纷的调解而不是正式的司法救济。尽管如此，联合国这些公约已经为世界上大多数国家所批准，这些国家之间和内部已就公约中人权概念的含义和效力展开辩论，这些事实证明一个已开始建立世界法体系的世界社会正出现于二十世纪。正如罗斯福总统在 1945 年 5 月他死前不久谈到第二次世界大战更广泛的意义时所说：“整个世界已经

① 见 Brian Tierney, *The Idea of Natural Rights: Studies on Natural Rights, Natural Law, and Church Law* 1150—1625(1997);Charles J. Reid,“Thirteenth-Century Canon Law and Rights: The Word ius and Its Range of Subjective Meanings”, 30 *Studia Canonica* 295 (1996); 以及 Charles J. Reid.,“The Canonistic Contribution to the Western Rights Tradition: An Historical Inquiry”, 33 *B. C. L. REV.* 37(1991)。

② 参见 Raimundo Pannikar,“Is the Notion of Human Rights a Western Concept?”120 *Diogenes* 75 (1982)。

变成一个单一的社区(a single neighborhood)。"[①]并非所有邻居都分享同样的信仰体系,他们有时会互相争吵,这些不足为奇。使之成为一个社区的是他们共同生活,他们承认相互间的依赖,以及,他们接受一套共同的行为规范。做到这一点,他们便组成一个**社会**。

然而,要成为一个**共同体**,要拥有一个不断发展的共同法律**传统**,所要求的不止这些。它要求一套共同的精神价值,一套共同的人性概念,人们与社会的关系的概念和生活目的的概念——一种共同的语言,一个共同的信仰体系。而根据定义,世界上各伟大文化有着不同的语言和不同的信仰体系。

二十世纪世界上的不同文化,在一个具有共同世界法的各个部门和一个世界法传统的开端的世界经济和一个形成之中的世界社会中,结合在一起,这自然是非同寻常的事实。要把这个世界社会改造成一个世界共同体,把世界法的各个分支改造成一个不断演进的世界法传统,这是基督纪元第三个千禧年人类所面临的巨大挑战。

事实上,在世界各主要不同文化之间,存在着能够支持一个世界共同体和一个世界法传统逐渐发展的共同精神信仰。伟大的一神论宗教——基督教、犹太教和伊斯兰教——在希伯来圣经里有共同的基础,它们同自然神论则分享着对一个上帝的共同信仰。其他伟大的宗教,尤其是印度教和佛教,还有诸如道家和儒家的哲学,同一神教和自然神论一样,相信超越物质自利和高于经济上的财富和

① 引自华盛顿特区罗斯福总统纪念公园[由他人提供]。

政治权力的精神本体。① 许多种人道主义也有着这样一种对超验的精神价值的信仰。一个基督徒可能会说，世界社会和世界法是由圣灵所创造的。事实上，在虔信的基督徒、犹太教徒和穆斯林看来，地球上所有居民开始互相交往并且共有同一种命运，这一事实便是神意的显现。圣保罗关于上帝从一滴血中创造了所有民族的预言性陈说的真理性业已得到科学的证实，现在则可以说正验之于现实。

可以肯定，世界各不同宗教和不同文化的精神价值互不相同，而且，对世界之精神统合（integration）的追求也不敌对世界经济统合的追求。肉身有意，而精神孱弱！虽有统合的物质力量，对族群和民族诸神的崇拜却可能最终毁灭我们所有人。另一方面，也存在一种不无道理的担心，即世界经济的创造者可能正在建造一座全球的巴别塔。* 我们要在每一个村庄里都建一个麦当劳，在互联网上获取世界上每一个居民的个人资料吗？

然而，真正的精神统合不会压制对血缘和地缘的忠诚，也肯定不是对不同地方、地区和国家共同体的同一化，或者，让它们屈从于某种世界国家。毋宁说，它是这些共同体因对一个神圣的精神本体的共同信仰而得超越，这个神圣的精神本体将指导包括法律程序在内的诸过程，借此，世界所有文化正被逐渐结合在一起，它

---

① 1993 年召开的一次世界宗教大会发表了一项由 Hans Küng 起草的宣言，宣言确认了某种精神本体的普适性，指出“我们所谓全球伦理，并不是一种全球意识形态或者一种超越所有现存宗教的单一的统一宗教，”而毋宁是“一种对那些有约束力的价值、不能取消的标准和个人态度的基本共识”。见“Parliament of World Religions' Global Ethic”，*Nat' L Cath. Rep.* Sept. 24, 1993, at 11.

* 巴别塔（Tower of Babel）典出《圣经 · 创世纪》，谓人类欲造通天塔以传扬其名，激怒上帝。后上帝降临，变乱人民口音，令彼此语言不通，其事遂罢。——译注

们的共同关切也得到满足。

4．西方与世界法律传统的互动

我最后要讨论的问题是，西方法律传统对一个世界法传统的生成和发展能有什么贡献，以及反过来，一个世界法传统的形成对西方法律传统的再生能够贡献什么。

关于这两个问题中的第一个问题，我要说，西方法律传统能够为一个世界法传统做作的也许是最大的贡献，便是西方关于一个法律传统之性质的概念。西方被其他文化的代表指为“法条主义”(legalism)。但是，西方所特有的乃是法律历经世代的有意识的历史演进，是法律的历史性(historicity)，是它对延续与变迁的自觉平衡，是它关于一个生生不息的传统的概念，这个传统能够历经伟大革命而绵延不绝并且因之而得以更新。如果从现在的世界社会当中要出现一个世界共同体，那它就需要接受这样一个生生不息的逐渐演进的法律传统的概念。

这里应该补充指出，西方关于一个法律传统的概念是建立在三个主要法律哲学流派的统合的基础之上。这三个法哲学派别——实证主义、自然法理论和历史法学——分别将法律的根据追溯到政治意志、道德理性和良知、历史经验。只是在二十世纪，自然法理论才几乎完全屈从于法律实证主义，而历史法学则差不多全然消失。[1]

① 在一部旨在检讨法律的历史发展的著作中，Alan Watson 检视了法律的实证主义理论和自然法理论，但是明确拒绝讨论历史法学，他说这种理论“现在在所有地方都遭到否弃”。见 *Alan Watson*，*The Evolution of Law*，48 (1985)。

关于第二个问题，我要说，一个世界法传统的发展能够对西方法律传统作出的最大贡献，是对它提出挑战从而重新发现其宗教根源和它在——再说一遍——政治、道德和历史中的三重渊源。居于支配地位的法律实证主义理论，把法律简化为现在实际上是由立法机构、由国家制定的规则，并且把政治意志的“是”从道德理性的“应当”和历史记忆的“曾经是和正在成为”截然地分开，这种法律理论无法应对西方法律传统和其他法律传统并立的局面。其他文化中法律的道德和历史基础向西方提出挑战，令其重新审视它自己的法律传统中的道德和历史根据，并且调和那些过去曾经在那个传统形成的历史上起过重要作用的宗教影响。

将西方法律传统和其他文化的法律传统结合起来的一个世界法传统的形成，不可避免地要对每一个法律传统都提出挑战，令其审视它所反映的信仰体系，并将那个信仰体系与构成其他法律传统之基础的信仰体系加以比较。所有这些信仰体系都分享着一个共同的对于一个指导着将对邻人之爱付诸实施的过程的精神本体的诉求（commitment）。[①] 如果世界统合的力量要胜过瓦解的力量，如果这种统合不是因着巴别塔的邪灵（unholy spirit）、而是带着对其组成成分的多元性的充分尊重，则这样一种诉求便是必不可少的。

5. 结论

我相信基督纪元的第三个千禧年将是圣灵的时代，正在出现

① 参见 Wilfred Cantwell Smith，*Toward A World Theology*。

的世界社会终将转变为世界共同体的时代。我相信,逐渐创造一个世界法传统会是这一转变的一个重要部分。

怀疑论者可能会说:“让他相信他想要的好了,可是证据何在?”自然,无人可以科学地证明将来会发生什么。一场核战争可能爆发,证伪除了一场核战争的预言之外的所有预言。不过,如果我对过去一千年里西方法律传统之起源和演进的分析是对的——而这是**能够**被证明的事情——那么,那就是某种证据,证明我对未来一千年的预言是正确的。而在另一方面,如果我对未来的预言看上去是对的,那么,那就是某种证据,证明我对过去的分析也可能是可信的。有一件事是没有疑问的,这里,我有认知心理学的最新研究来支持我:我们所记住的过去乃是基于我们对未来的预期,而我们对未来的预期又是基于我们对过去的记忆。①

① 参见 Ulrich Neisser,“Five Kinds of Self-knowledge”, 1 *Philosophical Psychology*, 35,46—50(1988)。Neisser 把“暂时伸展的自我”定义为“既是过去的又是我们期待它未来所成就的、主要是依据记忆来了解它自己的自我”。同上,页 46。“我们所回忆起的,取决于我们现在所相信的和我们曾经所拥有的”。同上,页 49。对此问题更广泛的讨论,参见 Harold J. Berman,“Law and Logos”, 44 *De Paul L. Rev.* 143. 152—153(1994)。

附录三　展望新千年的世界法律*

问：新的千禧年即将来临。据您说，源自教皇革命的整个西方法律传统，正面临严重危机。这是否表示将有一场新的革命？

答：我听说“危机”这个词在中文里有危险和机遇两重含义，而与西方法律传统危机的危险倚伏相随的，也有一个机遇——发展新法律传统的机遇。这一新的法律传统——世界法传统——正在形成，它是融会世界东西南北各色各样文化的不同法律传统而成的，因此将有助于建立世界秩序和世界司法制度。全球数以百万计的人正投入到形形色色的跨国经济活动和社会交往中，他们之间有各种合约上和其他法律上的关系，上述的世界法传统已见于这些关系中。一场赋予正在出现的世界法传统具体形貌的革命已经在进行。两次世界大战和世界共产主义兴起是它动荡的第一时期。它第二时期的表征，则是国际共产主义没落和种族民族主义卷土重来，然而部分的旧潮流反复并没有妨碍世界经济和世界经济法体系的发展。现阶段的运动则致力创造一套世界法（world

---

* 本文原载《二十一世纪》1999 年 4 月号，收入本书时在版式上做了技术性的调整。

law)，其内容已不限于经济法，而包含诸如世界环境法和世界人权法，这是这场革命第三时期的特征。

贵刊的问题提到贯穿西方法律传统演进史的几场大革命，十一世纪末和十二世纪初的教皇革命是其中之一，这场革命一统西方各地的教会权力，把它从皇帝、国王和封建领主的宰制中解放出来，还创造了首个现代西方法律制度——罗马天主教会的教会法规，以及与之分庭抗礼的各种世俗法律，如皇室法、封建法、城市法和商法。在十六至二十世纪，其他大革命相继在西方爆发：1517—1555 年德意志的路德宗君主革命、1640—1689 年英国的加尔文教贵族革命、1789—1830 年法国的自然神论民主革命，以及 1776—1865 年兼具英、法两国革命特点的美国革命。二十世纪俄国的无神论社会主义革命也属于(至少部分是)这一历史进程。这些民族革命爆发之前，均有在西方全境进行的运动为先导，而每一场革命的影响也最终遍及整个西方。每一场革命都以与西方法律传统决裂为开始，但都以回归并损益这一传统为终结。

指称西方历史上几场大革命时所说的"革命"，其意义有别于指称今天世界上正在发生的彻底变革的所谓"革命"。西方伟大革命的九百年历史已经结束；没有迹象显示会有另一场这样的巨变发生。西方法律传统危机必须透过演变(而不是另一场大革命)来化解，因为曾自诩为世界中心的西方，已经更深刻了解到，在这个二十世纪形成并迈进新千年的文化多元的新世界中，它的角色是与其他伟大文化携手共进的伙伴。

问：六场大革命的发生，是由于一国的法律制度存在着理想和现实间的紧张。而革命都离不开某种："千禧年的追求"——对未来的预期。但在二十世纪末，我们的社会已经非常世俗化和多元化，是否还有可能爆发另一场这类的“千禧年革命”?

答：毫无疑问，如果没有革命先锋热烈秉持的集体信念，以求创造符合和平和正义此等最崇高理想的新政治、经济和社会秩序，另一场西方式的千禧年革命是不可能发生的。然而，在那些能够透过现有制度推行渐进式法律改革来达到上述理想的国家里，另一场这样的革命是不必要，也是人们不希望见到的。信仰路德教义的诸侯之所以发动武力抗争，是因为罗马天主教会和德意志民族的神圣罗马帝国，对于一个世纪以来对根本改革的呼吁置若罔闻，也无力推动必要的法律改革。同样，只有在斯图亚特诸王拒绝议会提出容忍异见教会的要求，查理一世更派兵弹压议会对长老派的支持后，拥有土地的清教徒士绅才发起武装起义反抗王权。其他西方史上的大革命的情况也是如此。但是，今天大部分西方国家都能透过法律体制来逐步实现人民秉持的理想。的确，西方无处不需要改革，而且无处不存在世俗主义和多元主义这些改革的障碍，但是没有一处地方还需要古典西方政治意义上的“革命”那种暴烈和彻底的改革。二十世纪西方法律传统危机，可以也必须以其他方法来克服。

问：西方法律传统曾经以上帝为支柱，以神的意旨为其神圣性的依据。现今世界这种普遍的信仰业已消散，法律也仅仅成为由案例和规章条文构成的一种技术组合，不再托荫于神的意旨。那么，当我们说要重建“高级法”时，有什么可以作为它的超越性来源？是新的上帝、共同接受的道德，还是其他?

我们社会的伦理道德已趋向多元。哈佛大学的罗尔斯(John

Rawls)教授在《政治自由主义》(*Political Liberalism*)一书中提出以“重叠共识”(overlapping consensus)为基础,重建基本的政治伦理。这样的公共正义是否能作为“高级法”的资源?

答:不错,传统西方有高级法的信念,政治权力机构制定的法律必须服膺高级法,否则不具效力。这一信念事实上直至二十世纪以前仍然流传,盛行了多个世纪。之所以有这种信念,主要是因为人们普遍相信上帝是高级法的终极创造者。但另一个事实却是:这一信念大都已为另一信念所取代,这种新信念就如贵刊的提问所说的:法律仅仅是由国家立法、行政和司法机关颁布的成文法、规章和决议构成的“技术组合”。高级法是铭写在人们心中并体现于十诫,对它的否定是西方法律传统危机的一环。西方法律传统危机是一种信心危机——人们不再相信法律是源远流长的古老遗产的组成部分,这里说的遗产关系到历代不断损益的宗教和哲学信仰系统及政治体制。

要克服这种危机,并使人们再次信仰铭写于人们心中的法律——即“实证”法必须遵从以取得效力的“自然”法,并非像罗尔斯所想的那样只求诸理性,而必须也求诸世界上所有伟大宗教和许多人本主义者共同信奉的精神价值。这样的精神价值已隐含在传统的西方法律概念中,并体现在美国宪法的自然法条款之上,如“正当的法律程序”和“法律的平等保护”。

罗尔斯提出根据理性协商和集体利益达致道德共识、以此共识为基础建立正义。他的理性法学忽略了一个因素——历史因素,这些历史因素包括团体忠诚和社会热情。与不同文化人群交往的人,他们在形成中的世界法传统里,为秩序和正义的法律价值所赖以为据的精神价值赋予新的跨文化意义。现今越来越多人昧于西方法律传统中的宗教基础，我相信，随着世界各国的法律制度互相交流，也随着我们越来越需要对不同的信仰系统及它们背后迥异的传统作比较，这问题可以在二十一世纪得以解决。

问：全球主义是现在的热门话题。但你曾敏锐地指出，导致西方法律危机的原因之一是人们对其普遍有效性的怀疑，特别是非西方国家对之的疑虑。若是这样，那么是否可能重新建立一种跨国界、跨文化的普世性法律？

答：建立跨国界、跨文化的法律体系不仅可能，而且已经在进行，只差尚未名之为"世界法"而已。

世界法不但包括处理民族国家关系的国际公法，还主要包括跨国社会团体的习惯法。最明显的是世界经济法：从事国际性贸易、金融和投资的人创造了共同的法律工具、法律制度和法律语言，藉以处理他们遍及全球的货物、金钱和资本交易。比如，提货单的法律性质举世皆同：在所有法律制度中，它都是提取货物的单据，包含运输合约的条款，也是所有权的凭证。

银行信用证的情况也大致如此，它一般是用以支付进口货物购款，同样在全世界有着相同的法律性质。各国银行家和商家在巴黎的国际商会定期聚会，修订管理信用证交易的细则。这些细则是他们的合约所依从的，并由各国仲裁法庭和法院执行。其他这类机构包括国际非政府组织(INGOS)，这类组织在联合国登记在案的约有35000个，它们的事业包括促进世界各地人权、仲裁纠纷、保护环境、医药卫生、自然和社会科学、慈善赈济、国际旅游、国际运动和许多其他国际性社会活动。

经济领域内正在形成的人类共同法律，主要来源于跨国商人、银行家、运输业者、海运保险商、财务投资者和其他参与世界经济人群的习惯法。西方法律传统是它的一个重要历史源头，这点是肯定的。任何对于它的普遍有效性的疑虑，以及对于它所反映的西方价值的怀疑，是要靠参与世界市场的非西方国家的自愿接受来解决。在非经济领域，比如人权领域，这样的疑虑和怀疑更常遇见。然而，即使在非经济领域，世界法的许多层面也是来自跨国社群普遍接受的习惯规范。

因此，人类在两次大战后达到了历史上的转捩点：世界进入了各国互相依赖的新纪元，所有地球居民的命运紧密联系在一起，这不只是经济和科技的事实，在法律层面也是如此。对于教徒来说，这也是一种神的恩典。信仰上帝的西方，千年来都在寻求建立一个以它为中心的世界，现在这个世界正迈向新的千禧年，而它的中心已不再是西方。我们已经为会聚世界上各色各样人群，迈向一个超越性的人类大家庭创造了条件。

有人认为创造新的世界科技的人，是正在建造一座全球性的通天塔，这种忧虑的确有它的道理。我们是不是想每一个村都有一家麦当劳？是不是想每一个地球居民的个人资料都放在互联网上？然而，真正的整合不是抹杀对血与土地的忠诚，更绝不是将不同地方、地区和民族的人同质化；而是建立一种对神圣的精神实体的共同信仰，以作为这些人群的超越性。这一精神实体可以为逐渐把世界所有文化融合会通的各种过程（包括法律过程）作指引。

问：你曾几次提到个人自由和法律多元之间的紧张关系。但在世界各地，法律均被国家意志支配。这是否意味着人的自由并没有增加，而是在减少？

答：十二世纪初至十三世纪末是西方法律传统成形的时代，它有一个特点，即存在着各种不同的、刚刚建立的法律体系，形成多个司法管辖权并存的局面。许多刑事和民事罪行同时为教会法规和其他世俗政权的法律所涵盖，比如教士干犯的某些罪行，或俗人与教士或教会财产之间的诉讼，以及俗人之间发生民事纠纷，却向教会法庭求助。而在世俗法律制度方面，某些事情是皇室法庭或封建法庭皆有权审理的。另外，违反庄园法的农奴如果逃到城市，一年后可以按照城市法获得自由，并豁免庄园法的追诉。生活在多种法律体系下的人，事实上获得了额外多的自由。

如同贵刊的问题指出的，今天的公民通常被认为生活在一种司法管辖权、一个国家、一套法律（国法）之下。不过，各国公民也同时生活在国际法（包括公法和私法）之下，这在某方面赋予他们更多权利，在另一方面则要承担更多义务。事实上，国家本身就是法律的产物：它作为国家的法律地位，是来自它身为世界各国组成的社群的一员。

至于实行联邦制的国家，以美国为例，五十个州有各自的司法管辖权，公民生活在州法和美国联邦法律之下，两者偶有冲突，某类案件是两者同时拥有司法管辖权的。除此以外，当政府的分支部门之间存在着不同的立法机关，受成文法条文侵害的人可以诉诸法庭，援引宪法来申诉冤屈。

当然，在许多国家，人的自由的确在减少，但这是因为法律被误用了，而纠正这种误用正是世界法的功能。世界经济法无疑令普遍性法律原则的施行更加灵活，这反过来又增加了法律交往各方的自由——包括合约自由以及选择提出索赔和申辩的裁判所的自由。毕竟，世界法的施行远比大多数国家的法律来得灵活，这正是因为它的组成是得力于不同国家的资源。

问：您曾深入钻研苏联的法律制度。苏联的解体，在某种意义上可算是它的法律制度的瓦解。事后回顾，您对于这一法制有何评价？

答：苏联是一个双轨制的国家，集暴力统治和法治于一身。一方面，七十年来，苏联的法律制度是由党领导专政、中央计划经济和以政治方式灌输强势的马列思想来支持的。另一方面，苏联的法律制度，特别是1953年斯大林死后和国安局恐怖统治结束后，逐渐限制党和国家的权力，以图使它更合理和更有效。最后，戈尔巴乔夫（Mikhail S. Gorbachev）上台，正式并在法律上打破了共产党一党独大的局面，开始引入多党制（demokratizatsiia），逐步进行经济权力下放和私有化（perestroika），并渐渐放宽言论自由（glasnost），打破马列思想的独尊地位。这三项彻底的改变，是争取法律的奋斗涓滴积累的成果，这种奋斗自斯大林死后孜孜兀兀展开了几十年。事后看来，至少戈尔巴乔夫的改革是可以预见的。

始料不及（甚至事后也难以想像）的，也许是戈尔巴乔夫的改革会导致苏联解体，并使他的三项重大改革极快速和深入地进行，这三项改革是：人民代表大会变为两院制联邦议会，其下议院由民众选举的政党代表组成；大部分国营企业迅速改组成合资公司，以及言论、出版和集会自由大幅扩大。而苏联的政治经济制度和宪制也随之而崩溃。

然而，苏联法律制度的其他层面得以留存。尽管新的改革很了不起，但它们是在源自苏联过去的法律思想和法律科学的框架中实现的。福利国家的社会主义（现在叫社会）原则仍然保留着。除此以外，虽然俄罗斯号称权力分散，但总统拥有颁布具法律效力的法令（ukases）的权力，而事实上他自1992年以来颁布了数以千计这样的法令。

不过，遗留下来的事物中最不平凡的，要算是法律本身。事实上，俄国人民在后苏联时代的伟大成就，是他们根据法律实现向民主政制、市场经济和多元思想的过渡。这也是苏联过去的部分遗产，当时虽然算不上是完全的法治；但也越来越依法办事。

问：西方法律传统的危机事实上也是西方文明的危机，您对于解决这一危机有何看法？是乐观还是悲观？还是根本看不到出路？

答：西方法律传统危机主要是一个精神危机，即法律的认同感和目标的失落，以及它的历史性质（它的过去和未来）的丧失。法国大革命的三个口号：自由、平等、博爱，已沦为个人主义、理性主义和民族主义。在法律理论中，这三种“主义”关系到所谓的实证主义，根据实证主义的观点，法律是国家制定并由国家执行制裁的一套规则。大部分法律学者（或许以及大多数民众）都舍弃了自然法论，此理论将法律视为人类理性和良知的产物，一切法律的阐释和应用，都必须以它们的道德目标为依归。除了自然法论外，遭到舍弃的还有法律的历史论，它认为法律是人的精神和自古至今不断发展的文化的产物，法律必须服膺这些精神和文化。因此，二十世纪之前仍和政治理论相辅相成的法律道德和历史理论，如今不是沦为政治理论的附庸就是被弃如敝屣。

当然，这不但是西方法律传统的危机，也是整个西方文化的危机。在西方文化中，对法律传统的尊重原本是它不可或缺的一部分。然而，我要再次强调，二十世纪西方的精神危机，是与超越西方范围的世界秩序的出现相关的，在此世界秩序下，全人类一方面透过全球通讯、全球科学、全球科技、全球市场结合在一起，另一方面因为环境破坏、疾病、贫穷、压迫，以及种族和领土战争等全球性威胁而一荣俱荣、一损俱损。

两次世界大战后，世界经济出现，它在某程度上受到世界经济法的保护。一个世界社会正在出现，它将靠一套世界社会法来予以保护。最后，在下一个千禧年中，我们的目标必须定在建立世界社群上，此一社群不但要靠共同接纳的法律价值来维系，也要靠其他共同的价值来维系，这些共同价值的基础是对圣灵的普世信念，这种信念是现在所有宗教共享的。

在这样的世界法出现的情况下，和其他文化族群携手合作的西方人，将会重新发现西方法律传统的源头，也将会发现这些源头中哪些是其他文化共有的，哪些是西方独有的。同时，各国会越来越意识到对种族和领土（即血与土地）的忠诚塑造文化差异的力量，即使在某些情况下，这些差异必须被消除，但它们还是必须被尊重。

世界法不是由一个世界政府，甚至不是由民族国家的组织强令遵行的，而是从跨国社群的应用和习惯所生成的。毫无疑问，在世界法的创制过程中，西方将扮演带头的角色，但这一过程必须靠国际社会通力合作才能成功，西方能否扮演好它的角色，将视乎它在其他伙伴身上能学到多少(包括从中加深它对自身的了解)。

问:您对西方法律制度的起源和对中国法律的研究,对中国学者很有启发意义。"德在法上"似乎是中国文化传统长期存在的问题。您对于这一文化传统有何评价?它对下世纪的影响是正面还是负面的?中国传统无疑会更密切参与到以西方为中心的世界体系,这些参与会产生什么影响?我们应当怎样看待中国道德和文化传统跟西方法律传统的互动?

答:从耳闻目睹中,我得知深远影响中国文化的儒家道德,把法(社会生活的法律层面)置于礼(精神层面)之下。古代圣贤确立了崇高的礼,它与人的内在情感和天地之序相一致,规范家庭、朋友和君臣的人伦秩序;礼的道德是利他的;各种礼仪为生命增添诗意和美感。反之,法被认为是由现代人的命令和规则组成的,用以节制他们所管治的社会的活动;它是机械化的、不带情感的,它缺乏普世有效性;法不同于礼,它不是根源于人的内在情感。

我曾和一位中国朋友争辩,是否即使是小孩子的心智里也存在法律价值和法律情感。一个小孩说:"这玩具是我的。"这反映了隐含的产权法思想;或者说:"你答应过我。"这句话反映隐含的契约法思想;或"他占了轮到我的机会",反映了隐含的侵权法思想;或者"爸爸说我可以",反映出隐含的宪法思想。那位中国朋友回答说,在中国,如果一个小孩说这样的话,他的父母会说:"如果这玩具是你的,你应该让给同伴玩。""如果轮到你,你就应该把机会让给朋友。"

儒家礼重于法的思想,或如上面提问所说的"德在法上",并没有妨碍中国在十九世纪和二十世纪初向西方取经发展某种法制,如大致参照西方模式制定的法典和法庭。像许多其他非西方国家（如日本）一样，中国当时已经准备“接受”不少西方合同法和产权法的内容，以及西方刑事法和审判程序的某些层面。接着，1949年后中国领导人追随苏联，唾弃儒家义理和西方法律，把他们的法律作为新的社会主义公正的体现。但是，他们没有跟随苏联建立以法律制衡行政命令的双轨制，这种制度下的法律可以使制度更合理和更有效率，发挥着很重要的正面功能。

今天，中国引入了市场经济的要素，加强与其他国家的经济连系，因此也参与了世界经济法的发展。中国的国际外贸仲裁法庭，显然跟其他国家的并无二致，恪守相同的法律标准和规则秉公办案；它的国际商业交易法和其他东西方国家的本质上大同小异。中国正逐渐和世界经济法的网络发生千头万绪的牵连，这种情况很令人鼓舞，这一经济法网络的指导原则，是各国各自谋取自身利益。

然而，儒家的礼法之分和以礼为尊的思想，却妨碍中国全面参与我所称的世界社会法的发展，这种社会法比经济法更需要各谋自利和彼此利他的融合。的确，在社会关系中法律和道德（或者说法律与爱）之间的关系很密切，不仅基督教和犹太教如此，伊斯兰教也是一样，如今可以说这种情况既属于西方，也属于东方和南方。耶稣说律法的要旨就是爱神和爱邻舍。在他的寓言中，好撒马利亚人是倒卧路旁的陌生伤病者的邻舍，但当这样的伤病者数以千万计，那么，制定法律建立医疗制度的立法机关不啻是他们的真正朋友，而法律就是友情的体现。

礼法之分——道德与法律的分离，反映出一种深刻的真理——法律和道德关系的亲疏之分，陌生人之间的法律和道德关系，有别于亲密社群的成员之间的法律和道德关系。同样，民族国家之间的法律和道德关系，也不同于一国国内的法律和道德关系。在即将到来的千禧年里，我们可以预期，随着世界经济演变至世界社会，世界社会又最终发展成世界社群。套用中国人的观念看，“法”将会逐渐融会吸收不少“礼”的特质。

（林立伟　译）

图书在版编目(CIP)数据

法律与宗教/(美)伯尔曼著;梁治平译.—北京:商务印书馆,2017
(汉译世界学术名著丛书:120年纪念版:珍藏本)
ISBN 978-7-100-14568-8

Ⅰ.①法… Ⅱ.①伯… ②梁… Ⅲ.①法律—关系—宗教—研究 Ⅳ.①D90-059

中国版本图书馆CIP数据核字(2017)第153254号

汉译世界学术名著丛书
(120年纪念版·珍藏本)
法律与宗教
〔美〕伯尔曼 著
梁治平 译

商务印书馆出版
(北京王府井大街36号 邮政编码100710)
商务印书馆发行
北京新华印刷有限公司印刷
ISBN 978-7-100-14568-8

2017年12月第1版 开本710×1000 1/16
2017年12月北京第1次印刷 印张13¾
定价:70.00元